KAMPF DER KULTUREN?

Zwei Frauen gestalten Integration

—

Für unsere Schülerinnen und Schüler,
unsere Kolleginnen und Kollegen

—

KAMPF DER KULTUREN?

Zwei Frauen gestalten Integration

Hatice Gündoğdu und Ulrike Zenk
Vorwort von Ahmet Toprak

Bibliografische Information der Deutschen Nationalbibliothek
Die Deutsche Nationalbibliothek verzeichnet diese Publikation in der Deutschen Nationalbibliografie; detaillierte bibliografische Daten sind im Internet über http://dnb.d-nb.de abrufbar.

IMPRESSUM
© Hatice Gündoğdu und Ulrike Zenk
Herstellung und Verlag: Books on Demand GmbH | Norderstedt 2008
Umschlaggestaltung und Layout: Hannah Zenk
Bildrechte liegen bei den Autorinnen.

ISBN 978-3-8370-4961-9

INHALTSVERZEICHNIS

Kampf der Kulturen? Zwei Frauen gestalten Integration

Das Thema Integration ist seit drei bis vier Jahren auf der politischen Agenda. Ausgelöst durch einen so genannten „Ehrenmord" in Berlin sowie durch einen Hilferuf einer Berliner Hauptschule in Berlin-Neukölln ist das Thema der Integration der Migranten endgültig kein Nischenthema mehr. Auf der politischen Ebene ist seit diesen Ereignissen Einiges passiert. Während das Bundeskanzleramt im Juli 2006 zu einem Integrationsgipfel eingeladen hat, hat das Bundesinnenministerium die erste Deutsche Islamkonferenz, angelegt auf drei Jahre, einberufen. Das Thema ist zwar politisch hoch angesetzt, aber ein Konsens darüber, was Integration nun ist, gibt es immer noch nicht. Und es wird ihn auch nicht geben. Während die Einen die Integration an die Sprachkenntnisse und an den deutschen Pass koppeln, meinen die Anderen, Integration ist dann geglückt, wenn die Migranten ihre Identität aufgeben und sich assimilieren lassen.

Dass Integration ein offener Prozess ist, in dem sowohl Migranten als auch Einheimische voneinander lernen und profitieren, zeigt das Buch von Hatice Gündoğdu und Ulrike Zenk. Zwei Lehrerinnen unterschiedlicher Generationen erarbeiten, gestalten und leben Integration vor Ort in einem Berufskolleg im Sauerland. Das Ziel der beiden Lehrerinnen besteht zunächst darin, den Integrations- und Verständigungsprozess in der eigenen Schule zu verbessern und weiterzuentwickeln. Da nicht nur zwei unterschiedliche Frauengenerationen aufeinander treffen, sondern auch zwei unterschiedliche kulturelle Prägungen, müssen zunächst die beiden Lehrerinnen klären, was Integration ist. Zenk und Gündoğdu freunden sich sehr schnell an, planen gemeinsame Studienreisen und besuchen sich gegenseitig privat. Ulrike Zenk bekommt die Möglichkeit, die Großfamilie Gündoğdu kennen zu lernen und umgekehrt Hatice Gündoğdu die Familie Zenk. Theoretische Begriffe wie Zeit, Raum, Individualismus, Kollektivismus, Werte, Normen, Regeln etc., die in keinem interkulturellen Handbuch fehlen, werden beim Zusammentreffen der beiden Lehrerinnen umso praktischer. In diesem wunderbar lesbaren Buch schrieben sich die beiden Autorinnen gegenseitig Briefe, in denen sie ihre Begegnungen aus eigener Perspektive schildern. Es wird in einigen Beispielen deutlich, dass interkulturelle Verständigung doch sehr gut funktioniert, auch wenn zwei vermeintlich gegensätzliche kulturelle Prägungen aufeinander treffen. Wenn das Auto der „deutschen" Kollegin defekt ist, ist das für die „türkische" Kollegin kein Problem, ihr Auto zur Verfügung zu stellen, auch auf die Gefahr hin, dass sie selber zu Fuß oder mit dem Bus nach Hause fahren muss. Dass Ulrike Zenk am Muttertag Familie Gündoğdu besucht, ist nicht nur für sie ein Highlight, sondern auch für Hatice. Denn Ulrike Zenk ist der erste „deutsche" Besuch, obwohl Hatice Gündoğdu fast 30 Jahre alt ist.

Die vermeintlich „kleinen" Besuche und Begegnungen zeigen deutlich, dass Neugier, Interesse und Offenheit, andere Kulturen kennen zu lernen, die wichtigsten Prinzipien der Integration sind. Durch Neugier, Interesse und Offenheit erfährt man nicht nur sehr viel über die andere Kultur, sondern – durch Reflexion – sehr viel über die eigene Kultur. Aus diesen Begegnungen gewonnene neue Erkenntnisse übertragen die sehr professionell arbeitenden Lehrerinnen in die praktische Arbeit in ihrer Schule. Wenn nur 20 Prozent der Lehrkräfte, Sozialarbeiter, ErzieherInnen etc. die Erfahrungen der beiden engagierten Lehrerinnen kopieren und umsetzen, brauchen wir in Deutschland weder einen Islam- noch Integrationsgipfel. Anders – mit den Worten von Hatice Gündoğdu, gerichtet an Ulrike Zenk – ausgedrückt:

„Wenn jede hundertste Person mit Migrationshintergrund so eine Freundin hätte wie dich, hätten wir keine Probleme mehr."

Ich wünsche diesem Buch eine breite Rezeption, weil hier nicht theoretisch über die Integration gesprochen, sondern eine echte und praktische Integrationsarbeit geleistet wird.

Oktober 2008 | Prof. Dr. Ahmet Toprak
Studiendekan | Fachhochschule Dortmund
Fachbereich Angewandte Sozialwissenschaften

EINLEITUNG
Ulrike Zenk

Es war Anfang März 2007, als wir mit Schülerinnen und Schülern unseres Berufskollegs die Uraufführung „Wegen der Ehre" des Freien Werkstatt Theaters in Köln besuchten. Das durch verschiedene Stiftungen unterstützte Theaterprojekt greift das Thema Ehrenmord auf. Dabei wird sich dem Thema nicht oberflächlich genähert, wie es aktuell häufig in der Tagespresse passiert. Vielmehr behandelt es intensiv das „Innenleben" des Systems einer türkeistämmigen Familie und auch das der beteiligten Personen.

Das von der in der Türkei geborenen und in Deutschland lebenden Schauspielerin Sema Meray geschriebene Stück handelt von einer türkischen Frau, die sich von ihrem türkischen Ehemann getrennt hat und nun mit ihrer Tochter ein eigenes Leben führen will. Dies trifft auf den Widerstand ihres eigenen Vaters, der sie vor die Wahl stellt, entweder bei ihrem Ehemann zu bleiben oder wieder zu seiner, also ‚ihrer' Familie zu ziehen. Eines Tages kommt ihr Bruder in ihre Wohnung und verlangt, dass sie dem Willen ihres Vaters folgt und droht ‚Konsequenzen' im Falle ihrer Verweigerung an.

„Der Ehrenmord an Hatun Sürücü in Berlin war für mich Anstoß, dieses Stück zu schreiben", so Sema Meray im Anschluss an die Aufführung vor den Schülern, und sie fügt hinzu: „Mir war klar, dass ich meinen Beruf als Schauspielerin nutzen muss, um so ein sensibles Thema in die Öffentlichkeit zu tragen, wohlgemerkt, ohne Voyeurismus!"

Mich persönlich stimmte das offene Ende des Theaterstücks etwas unzufrieden. Da wir unter unseren Schülerinnen viele türkeistämmige Migrantinnen haben, hätte ich mir tatsächlich ein zukunftsweisendes, wenngleich ‚idealisiertes', positives Ende gewünscht. Beide Frauen, sowohl die Mutter Sema Meray wie auch ihre jugendliche Tochter, nehmen im Theaterstück ‚starke' Frauenrollen ein. Wenn nicht diese Frauen, welche sonst könnten unseren Schülerinnen eine neue, eine ‚vorbildliche' Perspektive aufzeigen, in der sich die Emanzipation von familiären und gesellschaftlichen Zwängen konsequent und mit Erfolg vollzieht? Klar, das offene Ende soll zum Nachdenken anregen und eigene Lösungsmuster hervorbringen. Ich spüre in meinem Schulalltag jedoch gegenwärtig viel stärker und jeden Tag, dass unsere Schülerinnen in ihrem Bestreben nach Selbstverwirklichung der Unterstützung bedürfen. Ein positives Ende hätte sicherlich jede Einzelne wieder Hoffnung schöpfen lassen.

Viel mehr noch als das Ende des Theaterstücks bewegte mich eine beiläufige Äußerung Merays, adressiert an ihre deutsche Freundin, als sie sich wegen kultureller Unterschiede streiten: „Du wirst mich nicht verstehen, du kannst mich nicht verstehen. Ich kann es selbst nicht verstehen."

Ich erschrak regelrecht und sah plötzlich den Sinn meines „Interkulturellen Unterrichts", den ich seit ein paar wenigen Jahren in der Fachschulklasse für Erzieher als Teil von ‚Natur und kulturelle Umwelt' erteile, völlig in Frage gestellt. Bis zu diesem Zeitpunkt bildete ich mir ernsthaft ein, dieser Unterricht sei ein nützlicher Baustein unserer schulischen Integrationsbemühungen und könnte darüber hinaus unsere Erzieher wirksam auf ihre Integrationsarbeit in den sozialpädagogischen Einrichtungen vorbereiten. Ich zweifelte zu keinem Zeitpunkt an der Umsetzbarkeit der erklärten Ziele einer „Interkulturellen Kompetenz", und dazu gehört ein generelles ‚Sich-Verstehen', was natürlich die Verstehbarkeit unterschiedlicher kultureller Bezüge voraussetzt.

Im Einzugsgebiet unserer Schule liegt auch Werdohl, die Stadt mit einer bekannt sehr hohen türkeistämmigen Migrationsquote[1]. Daraus ergibt sich für unsere Schule eine besondere Herausforderung in Bezug auf die Aufgaben der Integration. Im Rahmen dieser Integrationsarbeit entstand in meinem Kopf die Vision, dass wir regional durch verstärkte Sensibilisierungsprozesse und interkulturelle Begegnungen und Auseinandersetzungen Lernprozesse in der jugendlichen Schülerschaft in Gang setzen und dadurch letztlich die Chancen eines friedlichen Miteinanders erhöhen können. Ich setze über Jahre fast mein ganzes Lehrerengagement ein, um dieser Vision Stück für Stück näher zu kommen. Mein ungebrochener Optimismus verhinderte wahrscheinlich, dass ich mir jemals die prinzipielle Frage nach der ‚Verstehbarkeit' kultureller Unterschiede, nach der ‚Verstehbarkeit' von kulturell Fremdem, nach der ‚Verstehbarkeit' des Sich-Fremd-Fühlens stellte. Ich verließ das Theater mit einem getrübten Gefühl von Pessimismus.

---

1 Der Anteil der in Werdohl wohnenden Menschen mit Migrationsgeschichte liegt über 30 % der Stadtbevölkerung. Hiervon sind ca. 60 % türkeistämmig (Auskunft der Stadtverwaltung Werdohl/Projektmanagement WIP am 2.9.2008).

Mit im Theater war auch meine neue Lehrerkollegin Hatice Gündoğdu. Sie ist eine türkeistämmige Deutsche und spricht Deutsch und Türkisch wie ihre Muttersprachen. Unsere Schule freute sich sehr, als sie zu uns kam. Eine türkeistämmige Lehrerin erschien uns allen dringend geboten, bei einer Schülerschaft, die über 20 Prozent einen türkeistämmigen Hintergrund aufweist. Sie unterrichtet Deutsch und Türkisch, ist Klassenlehrerin unserer sogenannten ‚Integrationsklassen‘[2] und in wenigen Monaten eine vielseits geachtete und geschätzte Kollegin geworden.

Das ‚Integrationsklassenmodell‘ basiert auf der pädagogischen Idee, dass die türkeistämmigen Mädchen in einer offenen Atmosphäre, ohne Scham-, Angst- und Unterlegenheitsgefühle sowohl ihre individuellen Lerndefizite (die Ursachen ihres schulischen Scheiterns) bearbeiten wie auch ihre eigenen Lebensaufgaben im Unterricht einbringen und thematisieren können. Da ist die verheiratete Sibel[3], deren Mann kein eigenes Konto haben darf und ihre Schwiegermutter über seinen Arbeitslohn verfügt. Die Schwiegermutter hat auch die Entscheidungsbefugnis darüber, an welchen schulischen Aktivitäten Sibel teilnehmen darf. Oder Göknur, die heimlich in einen Jungen verliebt ist, deren Vater sie aber schon vor langer Zeit einem Arbeitskollegen für seinen Sohn versprochen hat und sie es ohnehin ihrem Vater nie erzählen könnte, aus Angst vor harter Bestrafung. In einer Atmosphäre, die einerseits frei ist von feindseligen Gefühlen Türkeistämmigen gegenüber und andererseits voller großem Verständnis

---

2 Ausschließlich türkeistämmige SchülerInnen haben nach schulischem Misserfolg nun im Bildungsgang Berufsfachschule für Hauswirtschaft die Chance, einen qualifizierten Schulabschluss zu erreichen und an das Berufsleben herangeführt zu werden. Sie erhalten zusätzlich zum regulären Unterrichtsplan ein außerunterrichtliches Aktivitätsangebot, Deutschförder- und muttersprachlichen Türkischunterricht sowie eine AG.
3 Diese Schülerinnennamen sind verändert.

untereinander, geraten die Mädchen nicht in die übliche Haltung des ‚Sich- (auf dogmatische Weise) Verteidigen- oder Rechtfertigen-Müssens' und können sich weitgehend selbstkritisch reflektieren und einander eine Hilfe sein.

Hatice ist für mich eine wunderbare Freundin. Ich habe zu ihr ein Gefühl der Vertrautheit, so als ob ich schon über Jahre mit ihr befreundet wäre. Ich genieße ihre Wärme, ihre Unkompliziertheit im täglichen Miteinander und ihre zahlreichen freundschaftlichen Gesten. So hilft sie mir stundenlang bei den Vorbereitungen für ein Familienfest, wir rollen mit Reis gefüllte Weinblätter zu *sarma*, kochen Bulgur für *kısır*, backen *peynirli börek*, machen *karnıyarık* und *dolma* und braten *mercimek köftesi*. Während ich Sorge habe, jemals ihre Arbeit wieder gut machen zu können, beruhigt sie mich und sagt, dass nicht die Arbeit das Wichtigste sei, sondern das Miteinander-Etwas-Tun, das Beisammensein. Sie bringt gleich den Einkauf vom Türken mit (Yoghurt – die durch Wasserentzug fester gewordene Form *Süzme* – und Tomatenmark seien nirgends besser als da!) und getrocknete Auberginen und die Gewürze *pul biberi* und *çörekotu* habe sie von zu Hause. Die gemeinsame Koch- und Backaktion wird wirklich zu einem spannenden Erlebnis und geben mir Einblicke in ihre Familientraditionen, wie ihre Mutter jeden Tag 8 Kinder satt gekriegt hat, welche Berge von Speisen zubereitet worden sind für die jährliche Ferienfahrt mit der ganzen Familie im Kleinbus von Duisburg bis zum Schwarzen Meer oder welche köstlichen Speisen es gab beim abendlichen *iftar* während der Zeit des *Ramazans*. Nebenbei frage ich sie, wie viel es wohl ergeben würde, sie sagt ‚genug'. Sie benutzt weder Waage noch Kochbuch, sie sieht und schätzt die Menge in der Schüssel oder wiegt sie in ihrer Hand, zerkleinert Berge glatter Petersilie, zerbröselt einige Rollen Schafskäse, knetet Hefeteig und formt mit ungeheurer Fingerfertigkeit kleine Stücke zu *poaças*, so dass am Ende die Lebensmittel sinnvoll aufgebraucht sind und wir im Ergebnis noch das Büfett einer zweiten Familienfeier bestücken können. Ich empfinde ihr gegenüber eine große Achtung und Wertschätzung aufgrund ihrer bikulturellen und bilingualen Fähigkeiten. Fast ein bisschen neidvoll bestaune ich sie, wie sicher und selbstbewusst sie sich sowohl im Kreise Deutscher wie auch der türkeistämmigen Community und auch von Türken in Istanbul, wo wir gemeinsam (im Team mit noch zwei weiteren KollegInnen) eine Schulprojektwoche in Kooperation mit dem Europa-Kolleg (Avrupa Koleji)[4] verbracht haben, bewegt, manchmal in sehr kurzen Zeitabständen hin und her springend. Altersmäßig könnte sie gut meine Tochter sein, aber mütterliche Gefühle empfinde ich ihr gegenüber nicht. Bei unseren intensiven Gesprächen sprüht sie vor Geist und Witz, dass ich zuweilen eher das Gefühl ihrer Überlegenheit bekomme. Sie hätte nie erwähnen müssen, dass sie als erste Türkin als Jahrgangsbeste das Abitur in ihrer Gesamtschule erwarb.

---

4 Mit diesem Projektvorhaben setzt das Gertrud-Bäumer-Berufskolleg seine von der Körber-Stiftung (Deutsch-Türkischer-Dialog, Hamburg) 2003 „sowohl unter organisatorischen als auch interkulturellen Gesichtspunkten als vorbildlich für andere Schulen und Jugendgruppen" ausgezeichnete Projektarbeit fort. Projektthema ist ein interkultureller Austausch in Fragen der Erziehung und Bildung. Auf dem Projektprogramm stehen Hospitationen im Kindergarten und der Schule des Europakollegs, kleinere selbstständige Aktivitätsangebote der GBBK-ErzieherschülerInnen aus den Bereichen Musik-Rhythmik, Sport, Spiel und kulturelle Umwelten, Diskussionen mit Schülern und Lehrern zu aktuellen Fragen wie etwa dem EU-Beitritt der Türkei. Die deutschen Schüler- und LehrerInnen sammeln weitere berufsqualifizierende Erfahrungen durch Kontakte mit sozialpädagogischen Einrichtungen in Istanbul wie etwa dem Verein der Freiwilligen Helfer der Straßenkinder von Yusuf Kulca oder dem Verein der Ehrenamtlichen für Erziehung und Bildung (Eğitim Gönüllüleri Vakfı) sowie durch ein umfassendes kulturelles Rahmenprogramm. 10 der 30 Projektteilnehmer sind türkischer Abstammung. Die Idee des Schulkonzepts ginge auf, wenn diese Migranten am GBBK erfolgreich die Erzieherausbildung absolvieren und anschließend als Bildungsbotschafter die herausragende Bedeutung von Schulbildung in ihrer Community kommunizieren und sich dort als ‚Vorbilder' präsentieren können.

Ich kannte Hatice noch nicht persönlich, aber schon bei unseren Telefongesprächen zu der Zeit, als sie vor Schulbeginn eine Wohnung in Schulnähe suchte, war sie mir vertraut. Wenn wir uns spontan so gut verstehen, warum sollten wir nicht in der Lage sein, uns gegenseitig kulturell auch in komplexeren Zusammenhängen zu verständigen? Ich will an diese Möglichkeit nach wie vor glauben. Ich bin nicht nur davon überzeugt, dass uns beiden dieser Verständigungsprozess aus dem Gefühl der gegenseitigen Zuneigung heraus gelingen kann. Ich bin zudem davon überzeugt, dass er uns gelingen muss, denn nur, wenn er in kleinem Rahmen funktioniert, kann er überhaupt eine Chance in größerem Rahmen, in Stadtteilen, am Arbeitsplatz, in Städten und Gemeinden haben.

Ich sehe auch gar keine Alternative zu dieser Vision. Wenn wir uns die hochgerechneten Zahlen vergegenwärtigen, in welchen Anteilen Migration in den Städten der Bundesrepublik zukünftig verteilt sein wird, und wenn wir gleichzeitig ein friedliches Miteinander anstreben, was ich a priori unterstelle, dann muss diese Vision unser aller Vision sein, der wir uns im alltäglichen Leben und unserer Arbeit gemeinschaftlich verpflichtet fühlen. Hans-Ulrich Jörges veröffentlicht im STERN 32/2008 (vgl. p. 46) einige statistische Zahlen des aktuellen Jahresberichts der Integrationsbeauftragten der Bundesrepublik, Maria Böhmer, und bezeichnet das ungelöste soziale Problem der Integration von Zuwanderern als „vergrabene Bombe": Migranten in Deutschland: 15,3 Mio.; Migranten ohne Berufsabschluss: 44 %; Migranten im Alter zwischen 22 und 24 Jahren ohne Berufsabschluss: 54 %; türkische Migranten ohne Berufsabschluss: 72 %.

Hatice und ich beschließen (März 2007), einen Prozess des Verstehen-Lernens zu probieren. Sie ist sehr viel skeptischer als ich. Sie legt Wert darauf, dass wir es schriftlich tun, Gefühle seien einfacher zu schreiben. Ich bin einverstanden und freue mich auf einen Dialog mit ihr. Für ihre Freundschaft bin ich ihr zuletzt auch deshalb sehr dankbar: Ich kann in der Beziehung zu ihr erfahren, was ich in kultureller Hinsicht alles noch nicht weiß (und das ist weitaus mehr als das, was ich vermeintlich bereits zu wissen glaubte). Sie gibt mir die Chance, hineinsehen und begreifen zu können.

Unser in Dialogform angelegter Verständigungsprozess folgt keiner anderen Logik als der freien Assoziation, in der Hoffnung, der Eklektizismus wird uns am Ende mehr als die Summe vieler qualitativer kultureller Einsichten erschlossen haben.

ERSTER BRIEF
Ulrike Zenk

Liebe Hatice,

in meinem ‚Interkulturellen Unterricht' behandle ich jedes Jahr kulturelle Unterschiede. Die Schülerinnen und Schüler lernen unter anderem das unterschiedliche Zeitsystem kennen: Demnach werden in Deutschland die Handlungsabläufe nacheinander segmentiert, Unterbrechungen sind nicht willkommen und die Zeitverbindlichkeit ist wichtig. Man nennt dies ‚monochrone' Zeit. Dagegen bedeutet Türken aufgrund eines ‚polychronen' Zeitsystems die Verpflichtung auf Zeiteinhaltung wenig. Menschliche Beziehungen sind wichtiger als Termine. Ich ‚wusste' also schon um die unterschiedlichen Zeitsysteme, aber richtig begriffen habe ich sie erst kürzlich.

Ich verließ nach 7 Stunden Unterricht ziemlich angespannt das Schulhaus und ordnete auf dem Weg zu meinem Auto noch meinen Plan für den Nachmittag. Wäsche abnehmen, nächste Waschmaschine anstellen, Hund versorgen, restliche Reiseutensilien vom Schulprojekt in Istanbul auspacken, einkaufen, zwischendurch höchstens ein Stündchen auf den Geburtstag einer Freundin gehen, Post und Emails bearbeiten, den Unterricht für den kommenden Schultag vorbereiten, ein paar Hausarbeiten korrigieren, das Haus (nach einer Woche Abwesenheit) gründlich saugen etc.

Jedoch, oh Schreck, das Auto springt nicht an, schon die elektronische Türöffnung versagt. Meine Gedanken rotieren. Das Auto macht keinen Mucks. Ich bin fast geschockt. Wie mache ich das jetzt bloß mit diesem vollgepackten Nachmittag? Was von meinen Vorhaben werde ich jetzt überhaupt noch realisieren können und wie komme ich überhaupt zu meinem Wohnort? Wie organisiere ich jetzt zusätzlich noch einen Reparaturservice für das Auto? Vor allem der Faktor Hund strapazierte meine Nerven. Und auch die Berge Wäsche. Den Geburtstag werde ich absagen müssen. In solchen Augenblicken reagiere ich sehr hektisch und gestresst.

Du läufst gerade ein paar Schritte vor mir nach Hause und erfährst direkt meine verzweifelte Lage. „Kein Problem", sagst du, „hier kannst du mein Auto haben, du kannst es bis Freitag behalten, wenn du willst." Ich bin sehr erleichtert, dass ich mich doch sofort auf den Heimweg machen kann. Zumindest die Sorge um den Hund legt sich. Wenig später leuchtet die Benzinlampe meines ‚Leihautos' auf. Ich rufe dich aufgeregt an, denn auf der 20-km-Strecke zwischen Schule und Wohnort gibt es keine Tankstelle. Wieder beruhigst du mich und gibst Entwarnung, der Reservetank würde noch lange reichen. Ich erreiche mein Wohnhaus, aber der Autoschlüssel geht einfach nicht aus dem Schloss. Verdammt noch mal, da gibt's bestimmt einen Trick. Auf den komme ich jetzt aber nicht. Ich nerve dich nun zum dritten Mal am Telefon und kriege den Schlüssel schließlich auf Druck endlich aus dem Schloss. Während ich nun schnell Wäsche abhänge, neue sortiere und anstelle, organisiert mein Mann einen Autoservice. 30 Minuten später solle ich schon wieder im Schulort am Auto stehen, um mich dort mit dem Abschleppservice zu treffen. Wieder muss ich meine Arbeit unterbrechen. Meine Frustration verwandelt sich schon leicht in Aggression. Mein Plan für diesen Nachmittag wird nun völlig zunichte gemacht. Plan B kreist jetzt nur noch um das Auto, alle anderen Vorhaben werde ich auf morgen verschieben müssen. Dieser Gedanke ist für mich nicht leicht zu ertragen, denn morgen habe ich noch dazu einen langen Schultag. Der Autoservice versucht das Auto zu starten. Da tauchst du plötzlich auf, ungerufen. Du bist einfach da und noch dazu in guter Laune und entscheidest sogar spontan und selbstverständlich, mich mit deinem Auto wieder zurück zu meinem Wohnort zu begleiten, für den Fall, dass mein Auto wieder stehenbleibt. Du selbst hast wenig Benzin, aber du wirst erst am darauffolgenden Tag tanken. Mein Tag geht etwas chaotisch zu Ende, weil ich doch noch einiges von meinem Plan A geschafft kriegen wollte, eben viel schneller und in kürzerer Zeit. Dich erlebe ich dagegen bis zum Abend entspannt, gütig und hilfreich, obgleich ich schlechten Gewissens realisiere, dass ich doch auch deinen Plan komplett durcheinander gebracht haben muss.

ZWEITER BRIEF
Hatice Gündoğdu

Liebe Ulrike,

da hast du vollkommen Recht! Und wie du ihn durcheinander gebracht hast!

Es ist so: Du kannst ja gar nicht abschätzen, wie viel ich umstellen musste wegen dir und deiner unvorhergesehenen Panne. An jenem Tag hast du mir zuvor erzählt, dass du viel zu tun hättest. Du hast mir erzählt, was du alles zu tun hättest. Erinnerst du dich, ob ich dir erzählt habe, was ich alles für diesen Tag eigentlich eingeplant hatte? Ich kann mich nicht daran erinnern. So wie ich mich bis jetzt kenne, würde ich auf Anhieb sagen: Nein, ich habe dir nichts von meinen Vorhaben mitgeteilt. Warum? Das ist die nächste Frage. Die Antwort ist sehr leicht: Ich lege mich nicht fest auf ein bestimmtes Programm. Das heißt natürlich nicht, dass ich überhaupt keine Ahnung davon hätte, was ich den ganzen Tag mache! Es stehen zahlreiche Alternativen zur Verfügung, den Tag auszufüllen. Weil der Tag aber nur maximal 24 Stunden hat, muss man sich für einige dieser Möglichkeiten entscheiden. Am Ende des Tages sehe ich dann, wofür ich mich entschieden habe. Das ist so ähnlich wie Unterrichtsplanung. Einen guten Unterrichtsentwurf zeichnen meistens sogenannte Gelenkstellen aus. Je nachdem wie die einzelnen Phasen der Stunde verlaufen, muss die Lehrerin bzw. der Lehrer in der Lage sein, den richtigen Baustein aus zahlreichen Alternativen für die folgende Phase auszusuchen und einzulenken. Diese Auswahl ergibt sich und mehrere Faktoren spielen dabei eine Rolle. Man muss einsehen und sich gestehen, dass es diese Faktoren gibt und man nicht alle kontrollieren kann. Die Fähigkeit, auf diese Faktoren in kürzester Zeit zu reagieren, nennt sich Flexibilität. Was noch viel wichtiger ist, ist die Gelassenheit, mit der wir unsere Flexibilität ausführen, denn sie schützt uns vor alltäglichem Stress, der sehr leicht entsteht, wenn es mal nicht so verläuft wie geplant.

Manchmal ist etwas Unvorhergesehenes entscheidend für die Auswahl einer Alternative und je nachdem, was das Unvorhergesehene ist und welche Alternative Priorität erhält, kann man sich entweder ärgern oder freuen. Wenn ich also durch eine ungeplante Panne die Möglichkeit erhalte, einer Freundin, und zwar einer sehr guten Freundin, zu helfen (dabei habe ich im Prinzip auch nichts gemacht), dann freue ich mich. Die Freude reicht auch aus, um eventuell eine Nachtschicht einzulegen und meinen sonstigen Verpflichtungen nachzukommen. Ich hätte auch keine Probleme damit, an meinem Schlaf zu sparen, denn letztendlich ist die Zeit zu kostbar, um Dornröschen zu spielen. (Stelle man sich doch nur mal vor: Bei acht Stunden Schlaf täglich sind es bei einer Lebenserwartung von 60 Jahren insgesamt 20 Jahre, die schlafend verbracht werden. Kommen wir ein zweites Mal auf die Welt?)

Kurz oder allgemein formuliert heißt es bei mir: Priorität haben die Dinge im Alltag, die Spaß machen und mir Freude bereiten, denn die Motivation, die dadurch entsteht, macht es mir dann auch viel leichter, die Dinge zu erledigen, die weniger erfreulich sind. Andersherum würde ich mich durch diese unerfreulichen Dinge hindurchquälen, sodass die erfreulichen erst gar nicht drankämen, weil mir dann die Lust daran schon vergangen ist.

Ein weiterer wichtiger Faktor für die Entstehung dieser Reihenfolge ist die Tageszeit. Man kann nicht jede Tageszeit mit jedem oder mit anderen teilen. Die Nacht oder den Abend nutze ich demnach vorzugsweise für Dinge, die ich alleine erledigen kann bzw. muss, z.B. Korrekturen, Bügeln usw. Das müssen nicht immer unerfreuliche Dinge sein. Zwangsweise liegen aber die erfreulicheren Dinge früher in der täglichen Zeitleiste, weil für mich so ziemlich alles das, was ich mit anderen zusammen mache, erfreulicher ist als das, was ich allein mache. Na ja, der Mensch ist nun mal ein soziales Wesen.

Liebe Ulrike,

ich habe meinen bisherigen Teil unzählige Male umgeschrieben. Nicht, weil ich unbedingt etwas Tolles schreiben wollte, sondern, weil ich nicht sicher war, ob ich mich drauf einlassen will, denn es ist in jeder Hinsicht eine große Herausforderung. Ich habe lange überlegt und bin zu dem Entschluss gekommen, dass ich es doch probiere. Letztendlich habe ich die Freiheit, das Ganze jederzeit zu beenden, wenn mir etwas Erfreulicheres begegnet. Nicht zuletzt interessiert es mich natürlich auch, deine Fortsetzung zu lesen. Die Neugier ist so groß, dass ich keine andere Wahl habe als zu schreiben. Und ich glaube, je mehr ich über dich erfahre, werde ich auch eher in der Lage sein, über mich selbst und meine Kultur zu reflektieren. Und es ist bei Weitem nicht mehr nur die türkische Kultur. Ich bin in Deutschland geboren und lebe nun seit ca. 30 Jahren hier. Du bist die Erste, die es mir ermöglicht, auch in den Teil meiner Kultur einzublicken, der mich zwar prägt, von dem ich aber nicht viel weiß, und von dem ich deshalb fast nie Gebrauch machen konnte. Meiner Zeit vor deiner Bekanntschaft, welche nicht so weit zurückliegt, schaue ich doch mit ein wenig Traurigkeit hinterher, denn es hätte eine schönere Zeit sein können. Und da ich das jetzt weiß, bin ich optimistisch in dem, was die Zukunft bringen wird. Ich hoffe: Nicht nur für mich!

DRITTER BRIEF
Ulrike Zenk

Liebe Hatice,

vielen Dank für den Einblick in deine Lebensführung! Ich lese sie wie Anleitungen von Volkshochschulkursen zur Entspannung, zur gesunden Lebenseinstellung, zu bewusstem Leben. Ich sollte mir tatsächlich einiges davon aneignen. Sie könnten mich bewahren vor möglichen Burnout-Symptomen.

Danke auch für die Einladung zu deiner Mutter am Muttertag! Ich habe mich bei dir mehrmals vergewissert, dass mein Kommen auch nicht das Befinden deiner Großfamilie stört. Für den Muttertag meiner Mutter sollte ich nicht ohne Weiteres noch eine Freundin mitbringen. Denn bei einem deutschen Muttertag drücken Kinder ihrer Mutter Dank und Anerkennung aus, was eine relativ ‚intime' Familienangelegenheit ist. Eine Mutter will zumindest an diesem Tag von ihren Kindern in den Mittelpunkt gerückt werden und die Beziehung zu den Kindern bewusst erleben und genießen. Nicht-Familienangehörige könnten die private Atmosphäre stören. Dich störten hingegen meine Nachfragen und du hast sie auch nicht an deine Mutter weitergeleitet, weil – wie du sagtest – sonst der Eindruck entstünde, ich wollte gar nicht kommen. Bei der Gelegenheit erfahre ich von dir, dass sich ein türkischer Gastgeber durch den Gast geehrt fühlt, der ihn besuchen kommt. Ich habe den Eindruck, bei uns fühlt sich umgekehrt derjenige geehrt, der eine Einladung erhalten hat, auch wenn er der Einladung gar nicht folgt. Einladungen zu erhalten ist das Wichtigere.

Auf dem Weg nach Duisburg-Marxloh erzählst du mir, dass manche Schüler aus deiner Klasse (zu deiner Schulzeit) auf die Frage, woher sie kämen, nicht gesagt hätten, dass sie aus Marxloh kämen, sondern stattdessen Hamborn gesagt haben. Du selbst verurteilst diese Haltung, die eigenen Wurzeln zu leugnen, weil kein Kind es selbst verschulde, in diese oder jene Verhältnisse hineingeboren zu werden. Wir biegen in deine Straße ein und du betonst ganz selbstbewusst, ‚hier komme ich her, hier bin ich aufgewachsen'. Es ist auf den ersten Blick unverkennbar ein Stadtteil von ausschließlich türkeistämmigen und anderen Migranten. In deiner Äußerung liegt ein bisschen das Gefühl von Stolz. Das kann ich gut verstehen. Auch ich erzähle heute ein bisschen stolz von meiner Biographie, Kind einer kinderreichen Familie, Tochter eines Flüchtlings aus Ost-Preußen, aufgewachsen in einem Dorf am Fuße des Schwarzwalds. Als Kind hatte ich mich geschämt, weil unser Vater zu jeder unpassenden Gelegenheit mit seinem „kinderreicher Flichtling" kokettierte, wodurch er uns Kinder eindeutig seine Scham spüren ließ. Wir beide haben uns aus unseren Ursprungsfamilien durch eigenständige und eigenwillige Entscheidungen, weiterführende Schulen zu besuchen, ‚befreit'. Wir beide haben es geschafft, ohne dass unsere Familien uns dabei unterstützt hätten. Sie haben es geduldet. Auch das ist uns gemeinsam. Wahrscheinlich rührt daher der Stolz, weniger auf unsere Herkunft als auf unseren Lebensweg aus eigener Kraft.

Ich wurde sehr herzlich empfangen. Deine Mutter drückte mir so viel Warmherzigkeit aus, als wäre ich das neunte Kind der Familie. Ihre Begrüßungsumarmung war inniglich, auch wenn sie kaum deutsche Worte benutzte. Sie freute sich sehr über mein *hoş bulduk* auf ihr *hoş geldiniz*[5] und zeigte leise, aber stolz auf sich mit ‚Mutter'. Früher soll sie ganz gut Deutsch gesprochen haben, jetzt weiß sie kaum mehr ein paar Worte. Obgleich sie als Analphabetin nach Deutschland gekommen war, hatte sie sich in den ersten Jahren erfolgreich die deutsche Sprache angeeignet. Jetzt aber brauche sie sie nicht mehr, überall spricht sie Türkisch, in den türkischen Läden, auf dem Markt, beim türkischen Arzt, mit ihren Nachbarn, die selbst in diesem Mietshaus in Duisburg-Marxloh in derselben Anordnung neben und über ihr wohnen wie in ihrer Heimatstadt Bayburt in der Schwarzen Meer Region. Außerdem gab es früher nur die ARD und das ZDF und das Dritte. Da musste man Deutsch lernen. Heute machen die unzähligen türkischen Kanäle die letzte Motivation, Deutsch zu lernen, zunichte. Du bezeichnest das als ‚euren Untergang'.

Nebenbei lässt sie sich entschuldigen für das Kopftuch, sagt, sie sei es eben so gewohnt, während sie es sich verlegen und kurz mal ganz abnimmt, um es dann wieder aufzusetzen und locker hinten zu knoten. Sie spricht nicht viel, verfolgt aber offensichtlich sehr aufmerksam alle Gespräche und sucht oft Blickkontakt mit mir. Sie macht auf mich einen in sich ruhenden Eindruck. Wenn ich aber in ihr Gesicht schaue, sehe ich ungefähr 20 Lebensjahre mehr im Vergleich zu mir.

---

5 Auf ein *hoş geldiniz* antworten Türken mit einem *hoş bulduk*. Eigentlich zeigt man mit dieser Antwort, dass der Empfang auch durch den Gast positiv aufgenommen wurde (hoş – schön/freudig; bulduk – wir haben gefunden/empfunden). Das bedeutet: *Wir empfinden es auch schön!* Ähnlich höflich ist die Reaktion beim Niesen: Zu demjenigen, der niest, sagt man *Çok yaşa! (Lebe lang!)*, worauf dieser antwortet: *Sen de gör! (Mögest du es auch sehen! Also: Lebe auch du lange!).*

Ich ertappe mich mehrmals dabei, dass ich sie so (alt) wie meine eigene Mutter wahrnehme und muss mir selbst vergegenwärtigen, dass wir beide ungefähr desselben Jahrgangs sind! In ihrem Gesicht spiegeln sich harte Lebensbedingungen wider, die Erziehung von 8 Kindern ‚in der Fremde' haben deutliche Spuren hinterlassen. Ich frage dich, wie hart muss der Überlebenskampf in der Türkei gewesen sein, dass sich deine Familie auf den Weg nach Deutschland gemacht hat. Du sagst, es waren die hohen Erwartungen an ein leichteres Leben hier, gepaart mit der überdauernden und allgegenwärtigen Hoffnung, zurückzukehren. Wann auch immer. Man habe sich nicht festgelegt und man habe sich auch nicht eingerichtet. Jetzt realisiert deine Mutter sicherlich, es gibt für sie kein Zurück mehr. Auch diese Enttäuschung steht im Gesicht deiner Mutter. Ich frage mich, ob es für die Mehrheit der Türken in Deutschland überhaupt ein Zurück gibt, ob da nicht wider besseren Wissens eine imaginäre Heimat künstlich aufrechterhalten wird!?! Du hast mir ganz ‚erleichtert' erzählt, dass ihr es bei deinen Neffen, sie sind heute 13 und 14 Jahre alt, ‚geschafft' habt (!), Bayburt als ihre Heimat zu betrachten und erzählst, dass die Erzeugung dieses türkischen Heimatgefühls auch deinem Vater bei seinen Kindern das Allerwichtigste war. Ich zweifle daran, ob das für sie ein wahrer Gewinn ist und fürchte ganz im Gegenteil, dass dieses ‚fiktive' Heimatgefühl, ein Bayburtler zu sein, ihrem Integrationsprozess in Deutschland und auch vor allem ihrer Persönlichkeitsentwicklung im Wege steht. Die Jungen streben nach einem Selbstwertgefühl, das (individualpsychologisch im Sinne Alfred Adlers betrachtet) einhergeht mit einem entfalteten Gemeinschaftsgefühl, dem Zusammengehörigkeitsgefühl in der Schulklasse, im Fußballverein, dem Gefühl, in ihren Bezugsgruppen in Duisburg eine sichere Position und soziale Anerkennung erlangen und deren Werten und Normen entsprechen zu können. Wäre es nicht nützlicher und lebenswichtiger für die Jungen (und im Übrigen auch die Mehrheitsgesellschaft!), Deutsche sein zu dürfen, weil sie sich dann als Teil dieses größeren Ganzen begreifen und ihr Leben stimmig mit diesem ausrichten könnten? Ich stelle mir vor, dass dadurch die Chance stiege, dass die Jungen mit einem starken Selbstwertgefühl in den drei Urlaubswochen im Jahr Bayburt, die Heimatstadt ihrer Großeltern, besuchen, ohne dort die bittere Erfahrung machen zu müssen, dass sie selbst dort ihre Sehnsucht nach Heimat auch nicht stillen können und sich infolgedessen ‚heimatlos' fühlen müssen. Beide Jungen sind begabt und auffallend hübsch, und ihr wünscht euch für beide gute Entwicklungsprozesse. Sie sollen nicht so ‚cool' werden wie andere ihrer Altersstufe, die – weil sie sich über erfolgreiche Schulleistungen nicht profilieren können – es über den Weg von Macho-Allüren und gar Kriminalität probieren. Ich hätte gerne ihrer Mutter sagen wollen, dass ich die einzige Chance für ihre psychische Gesundheit in ihrer sprachlichen, schulischen und sozialen Integration in Gruppen und Vereinen in ihrer Geburtsstadt und ihrem realen Lebensfeld der Stadt Duisburg sehe. Ich wollte aber nicht bei einer ersten Begegnung ‚ungebeten beraten', obgleich ich von der Mutter einen offenen und engagierten Eindruck habe.

Im Übrigen hatte ich mir auch selten zuvor erlaubt, ausländische Eltern zu ‚beraten', wohl um nicht zu riskieren, von ihnen als ‚überlegen, belehrend, kritisierend' wahrgenommen zu werden, aus der Angst heraus, deshalb ‚ausländerfeindlich' zu wirken. Darin stehe ich sicherlich nicht allein. Der Ausländerfeindlichkeit bezichtigt zu werden ist bis heute der schlimmste Vorwurf gegenüber einem Deutschen (insbesondere einem Lehrer) der frühen demokratischen Nachkriegsgeneration.

Der Muttertag verlief genauso wie all die unzähligen deutschen Muttertage, die ich schon kenne (mit der einzigen Ausnahme, den halbfertigen Moscheebau in Marxloh besichtigt zu haben). Die Kinder und Enkelkinder zeigen der Mutter und Oma freundliche Gesten, lassen sie teilhaben an ihren Geschichten, bringen kleine Geschenke und versammeln sich zahlreich um ein umfangreiches Abendessen. Spätestens jetzt wird mir bewusst, wie sehr mein Besuch geschätzt wird. Es ist weniger der Umstand, deine Freundin zu sein, als vielmehr, dass ich eine Deutsche bin! Zum Abschluss überreicht mir deine Mutter freudestrahlend ‚mein Muttertagsgeschenk‘. Es ist ein großes, grundtonig braunes Kopftuch mit Blumen in Gelb und Lila und aufwändig in mehreren Farben und Reihen umhäkelt mit glänzendem Garn. Am nächsten Tag werde ich es in der Schule um den Hals gebunden tragen. Meine türkeistämmigen Schülerinnen erkennen es sofort. Erst staunen sie verblüfft, schnell aber lachen sie unverhohlen.

Es ist offensichtlich das erste Mal, dass überhaupt eine Deutsche in deine Familie gekommen ist und wie du mir später erzählst, warst auch du bis heute nie bei einer Deutschen gewesen. Zum ersten Mal besuchst du eine Deutsche in Deutschland, nachdem du knapp 29 Jahre hier wohnst, und zwar mich. Du hast hier 13 Schuljahre und ein Hochschulstudium absolviert. Du hast die Fächer Türkisch und Deutsch studiert. In dieser ganzen Zeit hast du weder eine Deutsche besucht noch eine Deutsche eingeladen. Ich bekomme ein beklemmendes Gefühl. Ich suche nach Gründen. Ist das der individuelle Ausdruck der sogenannten Parallelgesellschaft? Ich kenne dich nun seit mehr als einem Jahr, und meine Freundschaft zu dir ist intensiver als zu manchen anderen Freundinnen, die ich über Jahrzehnte habe. Ich schätze deine Warmherzigkeit, deine Zuneigung, deine Unterstützung und Umsorgung in alltäglichen Dingen, deine vielen Aufmerksamkeiten und deine dauerhafte Gastfreundschaft, die ich bei spontanen Mittagessen bei dir erleben darf, deine Großzügigkeit, wie du deine Bücher mir und anderen Kollegen verleihst (auch das gerade erschienene von Necla Kelek, das du selbst noch gar nicht gelesen hattest), dein ungeheures

Einfühlungsvermögen, mit mir einen Türkeiurlaub zu gestalten, der mir maximale Entspannung verschafft, die ich dringend herbeisehne. Die ‚starre Ferne' zwischen dir und Deutschen kann also mitnichten in deiner persönlichen Antipathie begründet sein. Und dennoch ist sie da, die Distanz zwischen Deutschen und Türkeistämmigen, wie ein Naturgesetz. Erst kürzlich schlug es mir wieder in einem Dialog mit einem Mädchen der Integrationsklasse entgegen. Nurcan fragte voller Skepsis noch mehrmals nach, als fiele sie vom Glauben, ob du wirklich bei mir übernachten würdest und ob auch ich schon einmal bei dir übernachtet hätte. Sie könne es sich gar nicht vorstellen, ‚eine Türkin und eine Deutsche' und fügte fragend zweifelnd hinzu, ‚zwei Religionen und Freunde'? Das erscheint diesem 18-jährigen in Deutschland geborenen Mädchen unvorstellbar! Wahrscheinlich nicht nur diesem Mädchen. Ich sehe hier den Angelpunkt für unsere schulische Integrationsarbeit: Begegnungen von Deutschen und Türkeistämmigen in positiver Weise erfahrbar zu machen, vorzuleben, Tabus hier zu brechen. Die Mädchen der Integrationsklassen erlebten es als eine sehr große Wertschätzung, außer von dir auch noch von drei deutschen Lehrerkollegen zum Fastenbrechen in ein türkisches Restaurant begleitet worden zu sein. Solche gemeinsamen Annäherungen können wir, ja müssen wir initiieren, wenn wir die Herausforderung der Integration annehmen wollen.

Die Mädchen der Integrationsklassen[6] schätzen sich mehr als überglücklich, dich, also auch eine Türkeistämmige, als Klassenlehrerin zu haben. Sie ‚himmeln' dich sichtbar an. Und wenn sie nun dich in der Schule in der Nähe von Deutschen erleben, könnten sie auch Deut-

---

6 und auch die Jungen: Überraschenderweise haben sich für die Integrationsklasse des laufenden Schuljahres genauso viele Jungen angemeldet wie Mädchen.

sche positiv besetzen lernen wie auch unsere deutschen Schüler eine positive Haltung der Lehrer Türkeistämmigen gegenüber als nachahmenswert erfahren können. Diesen Lernprozess in Gang zu bringen halte ich sowieso für den bedeutsamsten Part der Integrationsarbeit auf der Seite der Mehrheitsgesellschaft, wenn man berücksichtigt, dass jeder zweite Deutschtürke das Gefühl hat, in Deutschland unerwünscht zu sein![7]

Im Gegensatz zu Nurcan halte ich den Weg menschlich sinnvoller, sich zunächst als *Staatsbürger* zu begegnen, sich aus Interesse und Sympathie einander zuzuwenden, um irgendwann später auch auf Fragen zu stoßen, inwiefern die Religion unseren Alltag beeinflusst, als die Religionszugehörigkeit als primären Filter möglicher Freundschaften zu betrachten. Ähnlich unterläuft meines Erachtens auch in manchen Integrationsdebatten der Fehler, dass der Religion absolute Priorität eingeräumt und einem Teilnehmer fast ein Oberseminar in Islamkunde abverlangt wird[8]. Damit wird die Integrationsproblematik fälschlicherweise abgelenkt auf die Frage der Verträglichkeit der Religionen. Wir beide stoßen hin und wieder auch auf religiöse Fra-

---

7 Nach einer Umfrage von Emnid im Auftrag der ZEIT, vgl. DIE ZEIT Nr. 12, 13.3.2008, pp. 6 ff.

8 Ein konkretes Beispiel: Das Institut für interkulturelle Management- und Politikberatung (IMAP) legt der Stadt Werdohl am 16.8.2007 eine „Einführung in die interkulturelle Kompetenz" vor. Gut die Hälfte der 52 Seiten umfasst die Religion der Türken, den Islam in Deutschland, kennzeichnet sie u. a. als Gesetzesreligion (p. 29) und stellt gar die Scharia als Gesetzgebung des islamischen Staatswesens dar (p. 30), ohne zu erwähnen, dass diese gerade für die Türkei als laizistischem Staat mit einer modernen demokratischen Verfassung nicht gilt. Die Lehre des Christentums und anderer Religionen und insbesondere ihre Gemeinsamkeiten werden nicht dargelegt. Ebenso wenig wird das deutsche Grundgesetz behandelt. Die grundgesetzlich verankerten Grundrechte bilden doch Basis und Bezugspunkt einer interkulturellen Kompetenz, und zwar unverhandelbar! Der Text birgt m. E. entgegen seinem Titel die Gefahr von gesellschaftlicher Konservierung bzw. Regression, religiöser Separierung und ‚Religiösisierung' der Integrationsfrage.

gen. Sie spielen aber insgesamt eine sehr marginale Rolle. Und selbst dabei stellen wir immer wieder fest, dass wir beide uns mit deinen islamischen Grundwerten und meiner christlichen Ethik mitunter näher stehen als du oder ich anderen Freunden innerhalb der eigenen Religionsgemeinschaft. Das Wesentliche für uns beide, insbesondere als Lehrerinnen, ist die Orientierung aller auf die übergeordnete *gemeinsame Ethik*, das Prinzip der *Nächstenliebe* und ein *friedliches Miteinander*. Die religiösen Rituale, Zeremonien, Alltagspraktiken und spezifischen Glaubensinhalte sind Gegenstand und Thema der jeweiligen Glaubensgemeinschaft und dort und in einem Religionsunterricht zu verhandeln.

Wir haben kürzlich noch eine weitere Übereinstimmung herausgefunden, nämlich dass die *Integrations*debatte nicht stellvertretend als *Kopftuch*debatte geführt werden kann. Es gibt unterschiedlich motivierte Kopftuch tragende Muslima, religiös und traditionell motivierte, deren Motivation wiederum auf völlig freier Entscheidung oder aber auf Zwängen beruht. Neuerdings geben manche unserer Kopftuch tragenden Mädchen auch rein ästhetische Gründe an. Ein Verbot wird ihre Integriertheit sicherlich nicht befördern. Die Integrationsdebatte und vor allem -*arbeit* hat viel früher und grundsätzlicher einzusetzen, nämlich in der elementar- und sozialpädagogischen sowie schulischen Mädchenarbeit durch Unterstützung einer ‚starken' Identitätsentwicklung der Mädchen und Frauen, so dass sie in der Lage sind, eigene selbstverantwortliche Entscheidungen zu treffen, für sich persönlich und mit Blick auf die Konsequenzen. Kürzlich hatte ich ein Gespräch mit einer sehr guten Erzieherschülerin, die ein Kopftuch trägt. Sie gab an, dass sie kraft eigener Überzeugung gerne das Kopftuch weiterhin tragen möchte, aber Schwierigkeiten habe, mit Kopftuch einen Praktikumsplatz in einem Kindergarten in der Region zu finden. Sie würde weiterhin versuchen, doch noch einen Platz zu finden. Aber die Ausbildung sei ihr auch wichtig, so dass sie eventuell für sich eine andere Lösung finden müsse.

Die Religion umfasst lediglich *einen* Teil der Kultur. Interkulturelle Kompetenz beinhaltet deshalb unter anderem auch Grundkenntnisse der Religion, dem ich unterrichtlich Rechnung trage. Dazu zählt ein Moscheebesuch sowie die Einladung des Imams von der DITIB[9]-Moschee in Werdohl, der in meinem Unterricht die fünf Säulen des Islam ebenso wie die Stellung der Frau entsprechend dem Koran erläutert, aber auch die im Widerspruch zum Koran stehenden Fehlformen von Gewalt, Zwangsverheiratung, Ehrenmord und Unterdrückung der Frau, die er mit einem geringen Bildungsgrad, großen Wissenslücken in Bezug auf den Koran und mit Traditionalismus begründet.

Ziel dieser Unterrichtseinheit ist gemäß dem schulischen Integrationsauftrag die gegenseitige Anerkennung der religiösen Orientierung, die Konzentration auf die Gemeinsamkeiten der Ethik[10] und Wissen über die religiösen Fundamente, um o.g. Fehlformen ‚in unserer Mitte' zu verhindern bzw. ihnen entgegenwirken zu können. Die Integration wird an unserem Berufskolleg insbesondere über die Frauenfrage geklärt (wir haben fast nur Mädchen!), d.h. es muss uns gelingen, den Mädchen über einen Bildungsprozess, einen qualifizierten Schulabschluss, einen Ausbildungs- oder Arbeitsplatz die Gleichberechtigung als Frau mit individueller Entscheidungsfreiheit zu ermöglichen, entsprechend dem Gleichheitsgrundsatz in Artikel 3 des Grundgesetzes der Bundesrepublik Deutschland. Der Erziehungs- und Bildungsauftrag im Sinne der Gleichberechtigung der Frau bezieht sich in unserem nach der bedeutsamen deutschen Frauenrechtlerin und Pädago-

---

9 Türkisch-Islamische Union der Anstalt für Religion (Diyanet)
10 Im Gegensatz zur *Segregation*: Trennung von Personen und Personengruppen mit kulturellen, religiösen, ethnischen, sozialen Unterschieden.

gin *Gertrud Bäumer* (1873-1954) benannten Berufskolleg selbstverständlich auf *alle* Mädchen, mit und ohne Migrationshintergrund!

In diesem Zusammenhang sehe ich mich in meiner Position unterstützt von Lamya Kaddor, Lehrerin für Islamkunde und Vertretungsprofessorin für islamische Religionspädagogik an der WWU Münster (gerade erscheint ihr ,Koran für Kinder und Erwachsene'[11]). Sie will westliche Stereotype über den Islam aufbrechen und das Unwissen vieler Muslime über ihre Religion aufheben. Sie ist überzeugt, dass der Islam den in Deutschland lebenden Muslimen bei der Integration nicht im Wege steht, ist selbst im Glauben verankert ebenso wie in der westlichen Welt. Sie hat ein liberales und menschenfreundliches Glaubensverständnis und stellt den Islam als eine Religion dar, die in der Essenz das Gleiche wie das Christentum oder das Judentum anstrebt, nämlich Friede, Barmherzigkeit und Toleranz gegenüber Andersgläubigen.[12] „Die Texte loben mehrmals den Verstand, den der Mensch auch deshalb benutzen solle, weil der Koran nicht auf alle Fragen eine unmittelbare Antwort geben könne."[13]

Eigentlich hatte ich erwartet, beim Muttertag deiner Mutter zahlreichen ,Familien' zu begegnen, also ,vollständigen' Familien. Mein Klischee von türkischer Großfamilie beinhaltet nur die intakte Familie, nicht die ,alleinerziehende Mutter' und erst recht nicht den ,alleinerziehenden Vater'. Mir signalisiert das Wort ,Familie' bei Türken vorwiegend ,mehr Zusammenhalt' (als im Gebrauch im deutschen Kontext), geprägt im Zusammenhang mit ,Familiensache' oder ,Familienehre'. Zu meinem großen Erstaunen verließ ein Bruder die

11 Koautorin: Rabeya Müller, München 2008
12 Vgl. DIE ZEIT Nr. 12, 13.03.2008, p. 38
13 Ebd.

Familienfeier noch vor dem Eintreffen der anderen, um ihnen nicht zu begegnen. Zwei Brüder kamen mit jeweils einem bzw. zwei Kindern. Sie sind geschieden und alleinerziehende Väter. Zwei Schwestern kamen ebenfalls mit einem bzw. zwei Kindern, eine davon auch mit ihrem Ehemann. Von einem weiteren Bruder erfahren wir, dass er auch Scheidungsabsichten hat. Diese Familienrealität ist mir sehr vertraut und entspricht durch und durch deutschen Verhältnissen, sie klafft jedoch weit auseinander von meiner türkischen Begriffskonnotation ,Familie'.

Ich überlege, wie meine Konnotation zustande kommt. Ich habe zahlreiche türkeistämmige Schülerinnen, deren Verheiratung in Aussicht steht. Die Familien machen die Planung und die Vorbereitung der Hochzeit zu ihrer obersten Familienaufgabe, die sich über Monate und gar Jahre hinziehen kann. Familiengründung ist also ein hohes Gut. Gestern rief mich eine dieser Schülerinnen an, die diesen ,Hochzeitsstress' nicht mehr ertragen könne und an starken Konzentrations- und Schlafstörungen und depressiven Verstimmungen leide. Dabei drehe sich alles um das ,Ereignis' Hochzeit, von der Porzellanbestellung im günstigen Angebot im Internet bis zur Ansparung der Hochzeitskosten in Höhe von 12000,- € für ein Hochzeitsfest all inclusive im *Düğün Sarayı* mit einigen Hundert Gästen. Sie sagt mir, es ginge nicht um das Paar selbst, nicht um ihre Beziehung, nicht um ihr Glück und Wohlbefinden. „Man wird sich lieben lernen!" Die Eltern arrangierten die Ehe. Die Eltern seien schon lange befreundet, die Väter Arbeitskollegen. Ich denke, natürlich kann sich spontan und zufällig immer eine Liebesbeziehung ergeben, halte aber die Wahrscheinlichkeit doch eher für gering. Wenn die Familiengründung ihrer Kinder zu den obersten Familienaufgaben gehört, dann finde ich, müsste sie ein noch höheres Interesse daran haben, dass diese Ehe auf Dauer Bestand haben kann, indem sie auf einer Beziehung der Liebe gründet. Wenn ich es mit meiner Herkunftsfamilie vergleiche, so muss ich zugeben, hätten alle meine Geschwister und ich unsere ersten Lebenspartner geheiratet, dann wären wir heute wahrscheinlich alle geschieden, weil wir alle die erste Partnerschaft beendet und eine Ehe mit einem anderen Partner eingegangen sind. Im Umkehrschluss bedeutet Ehe aus Liebe natürlich nicht eine Garantie für eine dauerhafte Ehe. Mir geht es sowieso nicht primär um die möglichst langfristige Ehe, sondern um die Realisierung einer Liebesbeziehung als einem fundamentalen menschlichen Grundrecht! Ein Sich-Kennen- und Liebenlernen halte ich für eine unabdingbare Voraussetzung für eine Partnerschaft, die freie, selbstständige Entscheidungen und Freiräume ohne Zwang und Kontrolle verlangt. Ich habe mit diesem Mädchen größtes Mitgefühl, weil es durch seine schulische Ausbildung zur Erzieherin mit Blick auf unsere im deutschen Schulgesetz formulierten Erziehungsziele wie Autonomie, Selbstständigkeit, Gleichberechtigung, Selbstverantwortung weitestgehend Selbst- und Sozialkompetenzen erworben hat, die nun mit einem Schlag münden sollen in die blinde Unterwerfung in einem archaisch patriarchalischen Familiensystem? In diesem Fall ist es Schule einmal gelungen, ein türkeistämmiges Mädchen auf die Anforderungen der modernen deutschen Gesellschaft vorzubereiten, und dennoch reichen diese Kompetenzen nicht aus, letztlich seine persönlichen bedeutsamen Lebensentscheidungen in seiner Familie durchzusetzen? Ich sehe meine pädagogische Aufgabe darauf beschränkt, dieses Mädchen zu ermutigen und zu unterstützen und kann nur darauf vertrauen, dass dieses Mädchen und viele andere ihre Lernprozesse irgendwann nutzen können, um ihre Umwelten zu beeinflussen und zu verändern.

Kürzlich haben wir beide ‚Familie' im türkischen Kontext thematisiert. Wir kamen auf deine Familie zu sprechen, und du hast sehr betroffen reagiert, so dass wir das Thema abbrechen mussten. Mir kommt es so widersprüchlich vor, dass der Begriff ‚Familie' einerseits sehr starke Emotionen auslöst, wie auch der Begriff der ‚Familienehre' suggeriert, andererseits vermisse ich die Emotionalität inhaltlicher Art, sobald es um das Wohlbefinden des Einzelnen, um Gefühle Einzelner, um Liebe und Glück geht. Mir scheint, dass meine türkeistämmigen Mädchen die Familie ‚formal' überaus respektvoll behandeln, im Sinne von Gehorsam den Eltern gegenüber als richtig betrachten und auch akzeptieren (oder auch dem Bruder gegenüber, *„Er will mich nur beschützen"*), mir fehlt jedoch entsprechend meinem Erleben die Emotionalität im familiären Innenleben, Platz für die Sehnsucht unserer Mädchen (und selbstverständlich auch der Jungen) nach einer Liebesbeziehung, eine Eltern-Kind-Liebe, die Vertrauen gibt, die Wertschätzung und Verständnis *gegenüber dieser Sehnsucht* sichert und Selbstverwirklichung ermöglicht.

Mir fällt das Fehlen dieser innerfamiliär zugelassenen Emotionalität zuletzt insbesondere deshalb auf, weil sie mir im krassen Gegensatz dazu im türkischen Text- und Liedmaterial über Gebühr auffällt! Beispielsweise in deinen Übersetzungen der Lieder von Sezen Aksu (die nicht zur Kategorie ‚Volksmusik' zählen!) oder in alltäglichen Redensarten. So schrieb mir die Schülerin, für deren Hochzeitsstress ich ein offenes Ohr hatte, anstatt eines kurzen Dankeschöns: „Yüreğine damla damla umut, günlerine bin tatlı mutluluk dolsun, sevdiklerin hep yanında olsun, güler yüzün hiç solmasın!" Auf Deutsch: „Dein Herz soll sich Tropfen für Tropfen mit Hoffnung füllen, deine Tage sollen sich mit tausendfachem süßem Glück füllen, deine geliebten Menschen sollen immer bei dir sein, deine liebenswürdige Art soll nie verblassen!"

VIERTER BRIEF
Hatice Gündoğdu

Liebe Ulrike,

erst durch das Schreiben wird mir deutlicher, wie sehr du unsere Gespräche verfolgst und dir Einzelheiten aus diesen Gesprächen merkst. Über Vieles brauchen wir nicht ausführlich zu sprechen, und du weißt, was gemeint ist. Das ist etwas Schönes, insbesondere, wenn es darum geht, Dinge zu erfühlen, um sie zu verstehen. Denn Worte reichen manchmal nicht aus. Doch sehe ich auch, dass Manches, trotz deiner positiven Einstellung und deines Optimismus in diesem Verstehensprozess, nicht erfühlt werden kann. Deshalb: Manches wirst du nicht verstehen, Manches werde ich dir nicht erklären können. Ich werde es versuchen. Für diesen Versuch bedarf es aber doch vieler Worte. Man kommt nicht drum herum, also schreibe ich mal!

Es war schön, für mich und meine Familie, dass du die Einladung zum Muttertag – nicht nur der meiner Mutter – angenommen hast. Ich musste dich ja schriftlich im Namen meiner Familie einladen!

Deshalb bin ich mir nicht sicher, ob es nicht doch meine türkische Aufdringlichkeit war, weshalb du dann kommen musstest. In jedem Fall haben wir uns geehrt gefühlt durch deinen Besuch. Nicht nur, weil du eine Deutsche bist, sondern weil du eine Freundin bist. Eine, die positiv denkt und Positives ausstrahlt. Ich sag es dir nicht immer, aber meine Familienmitglieder fragen fast immer nach dir. Eine meiner Schwestern meinte sogar, sie hätte es mir angesehen, wie gut unsere Freundschaft sei, dass sie mir gut bekomme. In der Tat! Ich fühle mich sehr wohl in deiner Anwesenheit. Mit dir kann ich Vieles besprechen und unternehmen. Es ist zwischen uns kein Problem, wie du geschrieben hast, verschiedenen Religionen anzugehören. Natürlich haben wir als gemeinsame Plattform unsere schulische Arbeit, aber es ist mehr, was unsere Beziehung zu einer Freundschaft macht. Nurcans Äußerung und Verwunderung in der Form hätte ich nie erwartet. Ich hätte nicht gedacht, dass Jugendliche mit 16-17 Jahren ihre Freunde oder Freundinnen ausgehend von ihrer Religion suchen. Natürlich kann die Religion eine sehr starke Gemeinsamkeit ausmachen, wenn man in ihr aufgewachsen ist und sie auch im Alltag sehr stark praktiziert, so dass der eigentliche Lebensraum eh nicht darüber hinausgeht. Dann hätte man nämlich auch nicht die Möglichkeit, Andersgesinnte kennen zu lernen. Nurcan ist ein Mädchen, welches nicht in solchen Verhältnissen lebt. Im Fall Nurcan sehe ich einfach nur ein Klischee, durch das der Kontakt zu Andersgesinnten regelrecht blockiert wird. Ihre eigene Erfahrung ist es nicht. Sie hat wahrscheinlich nur nicht die Gelegenheit, etwas anderes zu erfahren. Aber es ist schon ein Gewinn, wenn sie überhaupt solch eine Frage stellen kann. Wenn diese Frage nämlich richtig aufgegriffen wird, kann auch ein wichtiger Fortschritt erreicht werden. Dies habe ich bei Nurcan gesehen. Nachdem du mir dieses Ereignis erzählt hattest, bin ich auf das Thema im Unterricht in Nurcans Klasse eingegangen. Ich leitete im Unterricht das Thema über eine Kurzgeschichte ein. Erstaunlich war, dass Nurcan die erste war, die sich gegen die Meinung aussprach, man müsse sich die Freunde oder Freundinnen aus demselben Glaubenskreis wählen. Es entstand eine lebendige Diskussion, in der sie ihren neuen Standpunkt mit vielen Argumenten und unterschiedlichen Kriterien bzw. Grundlagen einer Freundschaft verteidigte. Daraus entnehme ich, dass sie sich in der Zwischenzeit tatsächlich Gedanken um die Thematik gemacht hatte. Sie hat Antworten gefunden, womöglich bestärkt durch ihre Fähigkeit, Fragen zu stellen.

In unserem gemeinsamen Alltag und alltäglichen Umgang – muss ich zugeben – denke ich gar nicht daran, ‚was‘ du bist! Ich glaube, der Grund dessen ist das Wohlbefinden. Ich fühle mich wohl, gleichberechtigt, angesehen, erfahre Wertschätzung – Dinge, die ich meinem Gegenüber selbstverständlicherweise entgegne bzw. gebe. Es ist demnach ein reibungsloses Wechselspiel des gegenseitigen Interesses. Daher entsteht kein Blick für Differenzen. Ich kann Nurcan aber verstehen. Ich habe die meiste Zeit vielleicht nicht anders gelebt. Aber eine sehr kurze Zeit hat ausgereicht, um das zu vergessen. Manchmal muss ich, will ich einen Gedankengang meiner Schülerinnen nachvollziehen, mich zurückversetzen und versuchen, mich daran zu erinnern, wie das war. Man fühlt sich nicht wohl in einer fremden Umgebung, die sich nicht für einen interessiert, aber auf die man selbst angewiesen ist. Du kommst dir vor wie eine Bettlerin. Doch wenn du zu stolz dafür bist, kannst du auch das Betteln nicht. Der Verdienst deiner Leistung erscheint dir wie Almosen. Du verzichtest darauf und auf all deine Bedürfnisse, ein Teil der Gesellschaft sein zu wollen, in der du ‚lebst‘. Ich verstehe Nurcan! Aber dieses Gefühl ist weder annähernd beschreibbar noch verständlich für die, die dieses Gefühl nicht kennen. Ihnen erscheint das wie ein Hirngespinst. Das Gefühl, fremd zu sein, ist ein scheußliches Gefühl, besonders, wenn man zum ‚wertlosen‘ Plebs gehört.

Du bist nicht die erste Deutsche, die uns besucht hat. Ich erinnere mich: Mein Vater hatte einen Arbeitskollegen, den er 2-3-mal eingeladen hatte. Dieser kam auch mit seiner Frau zu Besuch. Dieses Paar war kinderlos. Sie waren zwar nett, soweit ich mich erinnere, ich war noch ein Kind, aber einen Gegenbesuch gab es nicht. Ich weiß nicht warum. Vielleicht lag es daran, dass im Gegensatz zu ihnen, meine Eltern reichlich mit Kindern bestückt waren.

Wie erwähnt, es war nicht nur der Muttertag meiner Mutter, sondern der von Müttern. Eine gewisse Hierarchie kann es zwar geben (wer die Ober-Mutter ist), aber im Grunde werden an dem Tag alle Mütter geehrt. Es muss nicht nur die eigene Mutter sein. Im Vordergrund steht an diesem Tag das Muttersein an sich. Es ist nämlich auch eine große Ehre für eine Frau, ein Kind zu empfangen und zur Mutter befördert zu werden. Durch diese Beförderung wird die Stellung der Frau in der Gesellschaft festgelegt. Ich mache die Beobachtung, dass in der türkischen Gesellschaft Frauen mit Kindern und Frauen ohne Kinder nicht gleichgesetzt werden können. Die Anerkennung, die einer Mutter zuteil wird, nur aufgrund der Tatsache, dass sie ein Kind auf die Welt gebracht hat, wird eine Frau ohne Kind nicht bzw. nie erfahren. Letztendlich fällt die Bedeutung des Muttertags wieder auf die Kinder zurück. Auch an diesem Tag stehen die Kinder im Mittelpunkt. Der Muttertag ist eine weitere Gelegenheit, wie auch die üblichen Feiertage, die mit der Familie verbracht werden, für eine Mutter, mit Stolz zu beobachten und bestätigt zu sehen, wie sich ihre Kinder entwickelt haben. Es ist eine Gelegenheit, sie alle beisammen zu sehen und zu sehen, wie sie ihre eigenen Familien gründen, was aus ihnen wird oder geworden ist. Umso bedrückender ist es natürlich festzustellen, dass Vieles nicht stimmt, dass es sogar nicht möglich ist, alle beisammen zu haben, aus welchem Grund auch immer.

Familienstrukturen haben sich auch in der türkischen Gesellschaft geändert. Feste Strukturen haben sich gelockert und drohen einzustürzen. Dies ist eigentlich ein natürlicher Vorgang, der auch erwünscht ist. Denn jede Institution sollte sich auch den Bedingungen der Zeit anpassen. Es wird aber zum Problem, wenn man nicht weiß, wie man mit dieser „Bedrohung" umgeht. Jahrhunderte lang leben Menschen schon nach einem bestimmten Muster. Sie denken in diesem Muster. Es entsteht ein Chaos, wenn sie feststellen, dass es nicht so weitergeht, wie bisher, weil sie auch nicht wissen, wie es weitergehen muss. Hier, denke ich, werden die Migranten oder Menschen mit Migrationshintergrund im Stich gelassen. Sie sollen nach Möglichkeit fast alles aufgeben, was sie kennen. Sie sollen ihre Schablonen, die in der Tat nicht mehr passen, ablegen. Aber was dann? Wer gibt ihnen eine neue Orientierung? Es reicht nicht, ihnen einfach neue Schablonen in die Hand zu drücken und darauf zu warten, dass sie sich plötzlich verstellen. Die meisten Deutschen bilden sich auch ein, dass ihr Lebensstil nachahmenswert sei und erklären sich die Problematik durch die Unfähigkeit der Menschen mit Migrationshintergrund sich anzupassen. Vorlagen können natürlich hilfreich sein, aber eine Hinführung ist wichtig, vielleicht auch eine Anleitung zur Erstellung von Schablonen und Mustern. Aber bis eine neue Schablone entsteht, nimmt man noch die alte. Klar: Wenn man das Grundgesetz ändern will, schafft man es nicht sofort ab, bevor man nicht schon ein neues hat! Oder? Wie du weißt, leite ich hin und wieder mal Seminare für türkische Eltern – hauptsächlich von Kindern im Kindergartenalter – im Auftrag des Jugendamts in Gelsenkirchen. Ulrike, du kannst dir nicht vorstellen, wie hilflos diese Menschen sind, wenn es sogar um grundlegende Dinge geht. Dinge, die für uns selbstverständlich sind, erfahren sie zum ersten Mal. Wir behandeln meist Themen, die mit der schulischen Sozialisation ihrer Kinder zu tun haben. Die Schule ist für die meisten eine so sehr hoch angesehene Instanz, dass sie nicht wissen, ja gar nicht auf die Idee kommen, dass sie sich auch beschweren können, wenn sie etwas nicht in Ordnung finden, geschweige denn, dass sie auch nur die leiseste Vorstellung davon haben, dass es eine Dienststelle gibt, die dafür zuständig ist. Das ist nur ein Beispiel, um zu zeigen, wie Familien in dieser Gesellschaft angekommen sind. Es gibt natürlich auch gegensätzliche Extrembeispiele, wo die Eltern es gelernt haben, sich über jede Kleinigkeit zu beschweren und sich so erfolgreich durchwursteln. Aber auch darin sehe ich eine Orientierungslosigkeit. Unsere Gesellschaft darf keine Problem-, sondern muss eine Lösungsgesellschaft sein. Deshalb muss jetzt gehandelt werden. Die Menschen mit Migrationshintergrund spüren, dass etwas nicht stimmt, haben aber keine Orientierung. Das sollte man als Chance nutzen!

Emotionen lassen sich sehr schwer erklären, manchmal auch gar nicht. Zumindest gelingt mir das nicht immer. Manchmal bin ich sehr emotional geladen, ich spüre Wut in mir. Dann kann ich über bestimmte Themen nicht sprechen, wenn ich es tue, sage ich Dinge, die nur die Hälfte meiner Einstellung wiedergeben, weil mir in dem Moment nur solche Dinge einfallen, die diese Wut rechtfertigen. Weshalb diese Wut? So genau weiß ich das nicht. Ich denke, es hat was mit meiner Lebensführung zu tun. Ich lebe allein. Das habe ich im Prinzip immer angestrebt. Ich war und bin auch sehr froh, dieses Ziel erreicht zu haben. Das Problem ist: Ich komme aus einer Großfamilie mit acht Kindern und einer türkischen Gesellschaft, in der Alleinlebende bemitleidet werden. Wir sind nicht programmiert auf das Alleinsein, wir können nichts damit anfangen. Ich habe eigentlich sehr viele Hobbys, denen ich früher in einem 10-Personen-Haushalt in einer 3,5-Zimmer-Wohnung regelmäßig nachging. Ich hatte mir damals immer mehr Raum und Zeit gewünscht, um mich noch mehr mit meinen Hobbys zu beschäftigen. Seitdem ich allein lebe und die gewünschte Zeit, den gewünschten Raum habe, bin ich mit meiner Produktivität beim Minimum. Wenn ich bei meiner Familie bin und es sind viele Kinder um mich herum, dann merke ich aber, dass ich mich zu sehr an das Alleinsein gewöhnt habe. Die Lautstärke ist mir zu viel, das an Zeiten-Gebunden-Sein nervt. Ich muss zu meiner Produktivität wiederfinden, damit ich als Alleinlebende überleben kann. Das fällt mir schwer, obwohl ich studiert habe, immer auf mich selbst angewiesen war in vielen Dingen. Jedes Mal, wenn es mir schwer fällt, habe ich diese Wut und kritisiere sehr hart die Familienstruktur in der türkischen Gesellschaft, weil ich insbesondere weiß, dass diese Familienstruktur, die ich mir wieder herbeisehne – zumindest zeitweise und in Grenzen – keinen Bestand mehr hat, weder in dieser Gesellschaft noch in sich. Ich bewege mich von einem Extrem zum anderen. Das braucht viel Kraft. Aber ich versuche zu lernen und lerne von dir und den Erfahrungen, die wir machen. Ich werde versuchen, beide Lebensräume für meine Identität zu nutzen. Das folgende Gedicht von Nazım Hikmet[14] erinnert mich ständig an diese Problematik bzw. auch umgekehrt: Die Problematik erinnert zu sehr an das Gedicht, wobei ich darauf hinweisen muss, dass das Gedicht nicht zu unterschätzen ist und eine tiefere Bedeutung hat als jene, deretwegen ich es hier anführe:

yaşamak	Leben[15]
yaşamak bir ağac gibi,	Leben wie ein Baum
tek ve hür,	einzeln und frei
ve bir orman gibi	und brüderlich
kardeşçesine,	wie ein Wald,
bu	das ist
bizim hasretimiz!	unsere Sehnsucht!

---

14 Türkischer Dichter (1902-1963)
15 Übersetzung von Rana Talu

Die Emotionalität ist ein sehr wichtiges Element in der türkischen Gesellschaft. Du schreibst von einem Gegensatz zwischen den herrschenden Bedingungen und den türkischen Liedtexten, in denen die Emotionalität sehr intensiv ist. Du hast Recht, wenn man sich solche Beispiele anschaut. Außerdem werden solche Beispiele immer mehr. Meines Erachtens hat die fehlende Emotionalität mit den sich ständig ändernden Lebensumständen zu tun. Sie lassen nämlich diese Emotionalität nur eingeschränkt zu. Wobei die Lebensführung in Großstädten sich ebenfalls unterscheidet von der Lebensführung in kleineren Städten oder auf dem Land. Trotz des Unterschiedes geht die Entwicklung überall in Richtung mehr Individualismus und Überlebenskampf. Selektion ist ein Naturgesetz, bei dem nur der Stärkere überlebt. Wer stark sein will, darf oftmals nicht fühlen, schon gar nicht ein Mitgefühl zeigen. Ich denke, dass die türkische Gesellschaft diese Entwicklung so selbstverständlich wie andere Gesellschaften durchmacht. Hier wird diese Entwicklung nur dadurch auffällig, weil man bei der Überprüfung der inhaltlichen Aussage der „schönen Künste" – wie auch der Musik – auf eine Paradoxie stößt. Die Musik oder Literatur eines Landes dient in der Regel als ein Spiegel der Gesellschaft und des Zeitgeistes. Wenn sie aber widersprüchlich zur Realität ist, kann es schwierig sein, die Diskrepanz und diese Gesellschaft zu verstehen. Die Diskrepanz ergibt sich eben wegen der beschriebenen Entwicklung. Meiner Ansicht nach ist aber diese Emotionalität in den Liedtexten nicht verloren gegangen, sie wurde und wird vielmehr in den privaten Lebensraum verlagert, wo sie oftmals zu kurz kommt, weil das beschleunigte Leben wenig Raum für Privates lässt. Der Individualismus, der gewonnen wird, ist im Sinne der Gesellschaft. Er bedeutet also nicht, mehr Freiraum oder Privatsphäre zu haben, sondern ist nur ein Teil – zwar ein wesentlicher – der Sozialisation.

Ein weiterer Grund der Widersprüchlichkeit von Emotionalität im Liedmaterial und der Realität ist meines Erachtens auch die sogenannte ‚Doppelmoral‘, die mich sogar manchmal in Erstaunen versetzt. Ich kann dir ein köstliches Beispiel nennen. Eines Tages komme ich nach Hause und siehe da: Meine Mutter sitzt mit ihren Freundinnen im Wohnzimmer, und eine wöchentliche türkische Serie im türkischen Sender wird angeschaut. Ich spreche ein schönes lautes ‚Merhaba‘ aus. Meine Begrüßung löst großen Protest aus: „Şşşt[16], leise! Sie trifft sich mit ihm!" Ich weiß sofort, es ist ein wichtiges Thema! Ganz leise setze ich mich zu meiner Mutter und frage: „Was ist los?" Sie antwortet: „Sie trifft sich mit ihrem Liebhaber. Şşşt, sei aber jetzt leise!" Ich bin dann so leise, dass ich mich nicht mal traue, die leeren Teegläser unserer Gäste nachzufüllen. In der Zwischenzeit trifft sich das Mädchen, das jetzt mit einem Großgrundbesitzer verheiratet ist, mit dem Dorflehrer unter dem Wunschbaum, von dem sie sich eigentlich den Dorflehrer zum Gemahlen gewünscht hatte. Na ja, in der Szene wird ihr dieser Wunsch mehr oder weniger erfüllt. Sie wird schwanger, und die Frauen im Wohnzimmer sind glücklich, dass sie doch noch zu ihrem Geliebten gefunden hat, auch wenn es nur kurz und vorübergehend ist. Sie verlässt nämlich nicht ihren Mann und er sie nicht, obwohl sie Ehebruch begeht! Als dann die Serienmusik ertönt, die Serie zu Ende geht, sind die Frauen für diese Woche erst mal erleichtert und geben mit ihren Blicken auf ihre leeren Teegläser das Signal, diese nun nachfüllen zu dürfen. In dem Moment dachte ich mir, dass diese Frau doch Ehebruch begangen hatte, ein sehr schlimmes gesellschaftliches Vergehen. Genau diese Frau wurde von den Frauen im Wohnzimmer in ihrem Tun unterstützt. Diese Frauen, die für

---

16 ş-Laut = Türkischer sch-Laut

sich und ihre Kinder den außerehelichen Kontakt zu Männern verwünschen und den Ehebruch, egal aus welchem Grund er begangen wird, als etwas Unverzeihliches ansehen! In einer heftigen Diskussion darüber, ob es richtig ist, der Frau in der Serie Recht zu geben, erfuhr ich mehr über die Hintergründe der Geschehnisse in dieser Serie. Der Großgrundbesitzer hatte das Mädchen unter Druck gesetzt und sie zur Heirat gezwungen. Das Druckmittel war Trinkwasser. Er hatte ihr gedroht, das Trinkwasser für ihr Dorf abzudrehen (die Quelle war auf seinem Besitz). Sie hatte sich also für ihr Dorf geopfert, hatte ihren Geliebten aufgegeben und diesen Mann geheiratet, der sogar impotent war und somit auch eindeutig wusste, dass das Kind nicht von ihm sein konnte. Er tat seiner Umgebung gegenüber so, als wäre das Kind von ihm. Das ist in der Tat Doppelmoral! Das Verhalten der Frauen im Wohnzimmer möchte ich aber nicht als ,Doppelmoral' bezeichnen, denn das hört sich für mich sehr negativ an. Ist es aber nicht! Es ist lediglich nur eine Form des Expressionismus. Verdrängte Emotionalität, die durch soziale Kontrolle ausgeschlossen wird, Wünsche und Verurteilung kommen zum Ausdruck. Das ist wahrscheinlich ein natürliches Bedürfnis.

Ein weiterer Grund, weshalb die Emotionalität in Liedtexten von der in der Realität ,so sehr' abweicht, kann auch nur begründet sein in deiner Erwartung von der türkischen Gesellschaft. Ist die ,starke Emotionalität der Türken' vielleicht also nur ein Klischee? Vielleicht ist das einfach die Erklärung dafür, weshalb die Diskrepanz zwischen der Realität und den Liedtexten für dich größer ist als für mich in meiner Wahrnehmung. Sind die Türken nicht so gefühlslastig, leidenschaftlich oder sentimental wie angenommen? Vielleicht nicht mehr oder immer noch? Ich denke, es ist eine starke Emotionalität da, die nicht leicht zu erklären ist, weil sie ständig wechselt, und auch enorm widersprüchlich zum Ausdruck kommt.

Es ist sehr interessant zu beobachten, wie Klischees entstehen. Wenn man von der Tatsache ausgeht, dass Musik von sehr vielen Menschen aller Jahrgänge konsumiert wird, neigt man zu dem Denken, dass diese Musik etwas über das Wesen dieser Menschen aussagt. In der Regel wird das auch so sein. Aber wenn die Diskrepanz zwischen dieser erheblich konsumierten Musik und der Wirklichkeit zu groß ist bzw. diese beiden Welten sogar widersprüchlich zueinander zu sein scheinen, ist man dazu geneigt, enttäuscht zu sein oder sich getäuscht zu fühlen. Das braucht man nicht sein! Musik kreiert nicht selten eine Wunschwelt. Diese Wunschwelt ist aber auch nicht eine reine Fiktion, denn damit man sich etwas wünschen kann, muss schon etwas vorhanden sein. Wenn in Liedtexten der Wunsch nach Liebe und Emotionalität geäußert wird, muss man davon ausgehen, dass zumindest ein Stück ihrer existiert, obwohl man sie in der Wirklichkeit vermisst.

Es wird beklagt, dass Menschen voll beladen sind mit Klischees und Vorurteilen. Es ist oft sehr schwer und auch unmöglich gegen sie anzugehen. Insbesondere, was die negativen Klischees betrifft! Daraus resultiert Ungerechtigkeit und man nimmt die Klischeebesetzten als unfair wahr. Genau wie die Liedtexte sind Klischees und Vorurteile oft widersprüchlich zu der Realität. Wenn diese Paradoxie darin besteht, ein negatives Klischee gegenteilig bestätigt zu bekommen, dann wird von einer ‚Ausnahme' gesprochen. Viele Menschen türkischer Abstammung werden mir zustimmen, wenn ich das Beispiel von einer strebsamen türkischen Schülerin erzähle, die ständig von ihren Lehrern hören muss, dass sie ja eine sehr kluge und fleißige Schülerin sei, aber wahrscheinlich nur eine Ausnahme unter den Türken. Wenn die Paradoxie darin besteht, ein positives Klischee in Wirklichkeit negativ vorzufinden, dann fällt es nicht schwer, dieses eine Beispiel von Wirklichkeit zu klischieren und das ursprünglich positive Klischee in ein negatives umzuwandeln. Der Mensch neigt in seiner Natur zur klischeehaften Einstellung. Auch das ist so eine Verallgemeinerung!

Man lebt nach alten Schablonen oder Mustern nicht nur, weil man sie gezwungenermaßen oder aus Gründen der Bequemlichkeit übernimmt, sondern auch weil sie ein Teil der eigenen Identität sind. Auf die verinnerlichten Werte und Normen kommt es im Sinne eines gewissen Selbstbewusstseins und einer Identität an. Genau aus diesem Grund ist es für mich wichtig, dass meine Neffen zu Türken heranwachsen und wissen, wo ihre Wurzeln sind. Ich oder ihre Eltern können ihnen nur die türkische Kultur authentisch vermitteln. Wir fühlen uns, obwohl wir in Deutschland auf die Welt kamen und aufgewachsen sind, doch eher türkisch als deutsch. Eine deutsche Identität kann ich meinen Neffen nicht glaubwürdig vermitteln und ich will nicht, dass sie nur eine Scheinidentität haben. Sie spüren und sehen es aber auch, denn wir leben es ihnen vor, dass die türkische Identität „nur" eine Grundlage ist, worauf sie selbst bauen können. Je fester die Grundlage, desto stabiler der Bau. Wenn man sich gut beraten lässt zum Baumaterial und dem Design, und dabei auch noch die eigenen Interessen und den eigenen Geschmack berücksichtigt, wird es bestimmt ein ansehnlicher Bau mit langer Lebensdauer.

FÜNFTER BRIEF
Ulrike Zenk

Liebe Hatice,

ich kann mir sehr gut vorstellen, wie fatal sich der Familienzerfall und -verlust erst recht in türkeistämmiger Sicht auswirkt, indem ich einfach hochrechne, wie schwierig er sich schon bei Deutschen gestaltet. Einen Grund hierfür sehe ich darin, dass der ‚Mythos' Familie und Familienzusammenhalt im türkeistämmigen Bewusstsein noch viel stärker verankert ist als bei Deutschen. Nicht nur in diesem Zusammenhang spricht man von Werteverlust oder Wertezerfall und die Kritiker von Wertewandel. Dir mangelt es an Orientierung. Hilfreich fändest du Muster, die an der Stelle des tradierten Familiensystems angestrebt werden könnten. Du befürchtest ansonsten einen Verlust von Identität aufgrund des Fehlens an verinnerlichten Werten und Normen. Es gibt diese neuen Muster! Die Entwicklung zur Kleinfamilie, zur Ein-Eltern-Familie, gegebenenfalls zur Patchwork-Familie, zu Partnerschaften, zu Lebens- und Wohngemeinschaften oder Singlehaushalten. Muster, die auch in türkeistämmigen Familien de facto schon gelebt werden! Auch in deiner eigenen. Nicht immer vollzieht sich eine Entwicklung in Orientierung auf ein bekanntes und bewährtes Modell. Es sind mitunter Entwürfe aus der Notsituation, dass Ehen zunehmend aufgelöst werden und Kinder in ihrer dauerhaften Lebensgemeinschaft Elternteile verlieren oder neue Bezugspersonen und/oder Geschwister hinzubekommen oder sie resultieren aus steigenden Ansprüchen der individuellen Selbstverwirklichung, der Verselbstständigung, teilweise infolge zunehmender Verwirklichung der Freiheit und Gleichberechtigung von Mann und Frau oder von Veränderungen der gesellschaftlichen Produktions- und Arbeitsverhältnisse. In der Realisierung dieser unterschiedlichen Lebensformen sehe ich ‚*theoretisch*' den Wertepluralismus, den Grundkonsens einer europäischen Kultur. Darin liegt meines Erachtens die Orientierung, die du suchst! Es ist ein Fundament der Persönlichkeitsentwicklung, und zwar ohne religiöse Deutungshoheit.

In ‚*praktischer Hinsicht*' kann ich jedoch den immensen Aufwand subjektiver Ressourcen während einer langen Strecke von schmerzhaften Entwicklungs- und Lernprozessen türkeistämmiger Migranten (der 2. und 3. Generation) erahnen. Denn der biographische Ausgangspunkt ist im Vergleich zu Nichtmigranten ein ganz anderer, ein ungleich schwierigerer. Er ist geprägt von einer psychosozialen Belastungssituation und einem mangelhaft entfalteten Selbstwertgefühl aufgrund einer Ambivalenz im Lebenskonzept: Einerseits eine elterliche Entwertung neuer, im Herkunftsland kulturell nicht verankerter Lebensziele vermeiden und andererseits sich an eine moderne deutsche Kultur annähern und die eigene Lebensgeschichte hier in

Deutschland fortsetzen wollen.[17] Ist schon die Ausgangslage die einer brüchigen, geschädigten Identität, so liegt das Verlangen nach einem festgelegten Identitätspaket verständlicherweise näher als nach einer modernen Patchwork-Identität. Jedoch: „Auf dem Hintergrund von Pluralisierungs-, Individualisierungs- und Entstandardisierungsprozessen ist das Inventar kopierbarer Identitätsmuster ausgezehrt."[18] Identität bedeutet nunmehr Projekt, also ‚Identitätsarbeit', d.h. „situativ stimmige Passungen zwischen inneren und äußeren Erfahrungen zu schaffen und Teilidentitäten zu verknüpfen" (ebd.). Diesen Prozess der individuellen Identitätsarbeit feinfühlig zu begleiten in Form sicherer, unterstützender Bindungen zu unseren Schülerinnen und Schülern mit Migrationshintergrund, umschreibt die alltägliche pädagogische Herausforderung. Das ist unsere Integrationsaufgabe.

Zum einen können wir dabei zurückgreifen auf die pädagogischen Verhaltensmerkmale der Achtung, Wärme und Rücksichtnahme sowie des Einfühlens und Verstehens der subjektiven Welt, zum anderen auf den fallkonstruktiven Zugang durch biographische Narration: Lebensereignisse der Vergangenheit, Höhepunkte, Enttäuschungen, Schmerz und Leid, schamhaft Verschwiegenes, Veränderungen in den Lebensumständen, Paradoxien, Lebenskrisen, Übergänge – eingebettet in die Lebensgeschichte – ‚sinnvoll' im Sinne von ‚sinnstiftend' und mit der Frage nach den eigenen Ressourcen, den eigenen konstruktiven

---

17 Vgl. Jan Kızılhan: Migrationserfahrung als Ausgangspunkt von Biographiearbeit. Ein Ansatz zum besseren Verständnis und zur Integration. http://www.verwaltung.ktn. gv.at/cgi-bin/evoweb.dll/cms/akl/35139_DE-Jugend-Kizilhan%202007.doc. Als weitere psychosoziale Belastungen nennt er: Subjektive und objektive Diskriminierung, soziale Isolation, unzureichender Wohnraum, ungünstige Arbeitssituation, fehlende Sprache, unbefriedigtes Kommunikationsbedürfnis.
18 Heiner Keupp in ders. u. a.: Identitätskonstruktionen. Das Patchwork der Identitäten in der Spätmoderne. Reinbek bei Hamburg 2002², p. 60

Kräften und Kompetenzen bearbeiten, um die Gegenwart zu verstehen und neue Perspektiven für die Zukunft zu entwickeln, um den Selbstwert zu stärken sowie die eigene Verantwortung, um die eigene Lebensgeschichte zu akzeptieren, ohne weitere Stigmatisierung.[19]

Als Fähigkeiten zur Identitätsarbeit nennt Heiner Keupp[20] die Fähigkeiten der Selbstgestaltung, ein lebenslanges Lernen, die Selbstachtsamkeit, emotionale Intelligenz und Kreativität. Ich verstehe sie als Leitziele der Erziehung für unsere postmoderne Gesellschaft, ohne ethnische Mauern, die es uns ermöglichen, die uns gestellten Lebensaufgaben in diesem Land mit freiheitlich-demokratischem Anspruch zu bewältigen, am Entwicklungsprozess unserer multikulturellen Gesellschaft zu partizipieren und ihn zum Wohle aller zu gestalten.

Darin enthalten kann jedes Individuum frei und willentlich entscheiden, sich auch einer Religion zuzuwenden, sich mit einer Religion auseinander zu setzen, sich mit ihr zu identifizieren und sie zu praktizieren.

Die neue Identität schließt natürlich auch die Fähigkeit ein, sich eigenständig einen Lebenspartner zu suchen! Wohingegen du vom Single-Dasein oft als Schicksal sprichst, weil Eltern ihrer Aufgabe nicht nachgekommen seien, den Mann oder die Frau für's Leben ihrem Kind zu suchen und der Sohn/die Tochter selbst über kein geeignetes ‚Muster' verfüge. Wir Lehrer müssen deshalb sehr viel konsequenter und couragierter oben genannte Kompetenzen in unserem Schulalltag fördern und einfordern. Als Toleranz verkleidete Gleichgültigkeit

---

19 Vgl. Jan Kızılhan: Migrationserfahrung als Ausgangspunkt von Biographiearbeit. Ein Ansatz zum besseren Verständnis und zur Integration. http://www.verwaltung.ktn. gv.at/cgi-bin/evoweb.dll/cms/akl/35139_DE-Jugend-Kizilhan%202007.doc
20 Heiner Keupp in ders. u. a.: Identitätskonstruktionen. Das Patchwork der Identitäten in der Spätmoderne. Reinbek bei Hamburg 2002², p. 60

ist ‚organisierte Verantwortungslosigkeit‘, so Seyran Ateş[21] mit Recht in ihrem Buch ‚Der Multikulti-Irrtum‘, und führe zu Gewalt, Nationalismus und religiösem Fanatismus.

Ein weiteres wesentliches identitätsstiftendes Moment sehe ich in der persönlichen Bezeichnung. Ich kann mich noch genau an das Klavierkonzert im Rahmen des Arnsberger Kunstsommers 2007 erinnern. Nachdem ich dich mit Namen vorgestellt hatte, wirst du gefragt, was du bist bzw. wo du herkommst. Sichtlich angestrengt überlegst du, wie du das benennst, was du bist. Ich spüre deine Not und denke, das kann doch wohl nicht wahr sein! Du bist Deutsche, bist hier geboren, hast einen deutschen Pass, bist sogar Beamtin und gerätst mit 29 Jahren Leben in Deutschland in peinliche Verlegenheit, deine Identität zu bezeichnen und stammelst zaghaft ‚Deutschtürkin‘, ‚türkeistämmige Deutsche‘, ‚Deutsche mit türkischem Migrationshintergrund‘. Deine Not wird schnell auch zu meiner. Ich frage mich, warum es dir als einer freiwillig und bewusst zur Deutschen gewordenen Frau so schwer fällt, das auch auszusprechen oder besser gesagt ‚zuzugeben‘? Ich fühle mich beschämt, weil ich befürchte, dass du so viel deutsche Türkenfeindlichkeit erlebt haben musst, dass du mit der deutschen Staatsangehörigkeit auch einen ganzen Ballast von Feindseligkeit auf dich genommen hast? Das macht auch mir das Deutschsein schwer. Dennoch würde ich mir von dir und allen anderen Migrantinnen und Migranten mit einem deutschen Pass wünschen, dass sie mit großer Selbstverständlichkeit antworten: ‚Deutsche!‘, damit die Konnotationen des Deutschseins sich immer mehr – die Impulse und Vielfalt der Migration aufnehmend – weiterentwickeln, weg von

---

21 Seyran Ateş: Der Multikulti-Irrtum. Wie wir in Deutschland besser zusammen leben können. Berlin 2007

der historisch durch den Schuldkomplex beherrschten Bedeutung. Bleibt die Frage, wie die vielen anderen hier lebenden Türken, deren Lebensmittelpunkt in Deutschland ist und bleiben wird, die aber gegenwärtig keinen deutschen Pass haben, sich selbst bezeichnen und von der Mehrheitsgesellschaft bezeichnet werden können, ohne dass die Bezeichnung der Integration im Wege steht. Seyran Ateş schlägt ‚Deutschländer' vor und übernimmt diese Bezeichnung der in der Türkei lebenden Türken für ihre Landsleute in Deutschland. Ich halte diesen Begriff tatsächlich für identitätsstiftend, da er sowohl aus türkischer wie aus deutscher Sicht darauf hinweist, dass es sich um in Deutschland lebende Menschen mit türkischen Wurzeln handelt, die sich zugehörig fühlen zu einer mehrheitlich deutschen Gemeinschaft in der Schule, im Verein, am Arbeitsplatz und an den Werten dieser Gemeinschaften teilhaben, sich hier selbstverwirklichen wollen.

Wir haben an unserem Berufskolleg vornehmlich türkeistämmige Mädchen, also Deutschländerinnen. Du bist Klassenlehrerin beider Integrationsklassen. Ich finde, der Schlüssel der Integration liegt bei ihnen. Die Identitätsfindung der Mädchen als gleichberechtigte Personen, die nach ihrem freien Willen persönliche und berufliche Entscheidungen treffen, die sich befreien aus ihrer unterdrückten Rolle im patriarchalischen Familiensystem und ihr Recht erkämpfen auf eine echte Liebesbeziehung, findet statt im Spagat zu ihrer Herkunftsfamilie. (Diese Aussage trifft natürlich nicht auf alle türkeistämmigen Mädchen zu, aber in gleicher Weise auf alle anderen Mädchen mit ähnlichen Ursprungsfamilien.) Die DeutschländerInnen brauchen auf dem Weg der beschriebenen Identitätssuche in der Schule ein Gegenüber, das sie ebenso als Teil dieser Gesellschaft anerkennt, wie sie es anerkennen. Kürzlich sagte mir Gülcan, die erfolgreich die Erzieherausbildung bei uns absolvierte und nun in einer Hauptschule mit hauptsächlich DeutschländerInnen arbeitet, dass sie es jetzt endlich geschafft habe, die Anerkennung der Deutschen zu haben. Sie beschreibt diesen Zustand als wahres Glücksgefühl, worauf sie mehr als 25 Jahre gewartet habe. Zahlreiche LehrerkollegInnen an unserem Berufskolleg versuchen, dieses wertschätzende Gegenüber zu sein. Ungleich bedeutsamer bist jedoch du selbst, als deren lebendiges und authentisches Vorbild! In deinem bedingungslos liebenden Bezug zu diesen DeutschländerInnen gibst du ihnen mehr als eine konkrete Orientierung! Dafür sind sie dir unendlich dankbar. Unser Berufskolleg hat mit dir eine wirkliche Integrations-,Kraft' gewonnen!

Als ebenso wichtige ,wertschätzende Gegenüber' unserer DeutschländerInnen sehe ich natürlich andere Klassen, die sich wie unsere Erzieher-Fachschüler mit ihnen aktiv, interessiert auseinander setzen. In der Rolle von interkulturell Lernenden, beim gemeinsamen Schreiben und Studieren ihrer Autobiographien (s. Anhang I) sowie bei gemeinsamen schulischen Aktivitäten wie dem Opfer- und Weihnachtsfest, das 2007 zeitlich zusammenfiel und zu dem du und die Integrationsklassen eingeladen hatten. Oder bei ihren Theaterproben des Stückes „Zeynep"[22].

---

22 Zeynep, Tragikkomödie in drei Akten von Nazım Kıygı. Hg.: Deutscher Theaterverlag Weinheim o. J. Zum Inhalt: Zeynep, die jüngste Tochter der streng religiös lebenden Familie Arslan, befolgt die Gesetze des Vaters und zweifelt nicht an der ihr vorbestimmten, der Tradition entsprechenden Lebensaufgabe. Sie gibt sich mit ihrer dienenden Rolle zufrieden, genau wie die Mutter, die ebenfalls keine eigenen Bedürfnisse und Vorstellungen zu haben scheint. Die älteste Tochter Nermin hat sich hingegen emanzipiert, studiert in der Türkei Jura und stellt die konventionelle Familienstruktur in Frage. Der jüngere Bruder schwindelt sich beim Vater durch, bleibt aber aufgrund seines Geschlechts unbehelligt. Der ältere Bruder genießt als stellvertretendes Familienoberhaupt allen Respekt, auch weil er Arbeit und eine deutsche Braut hat. Sie, Ilona, zweifelt immer wieder die ihr unverständlichen Rollenverhältnisse an, aber es stellt sich heraus, dass in ihrer eigenen Familie auch nicht alles zum Besten steht. Nermin kommt zu Besuch aus der Türkei und begegnet ihrem Vater mit unverhohlener Provokation. Als sich herausstellt, dass Zeynep schwanger ist, steht die Familie vor der Zerreißprobe. Während die Geschwister darüber streiten, was zu tun ist, wird Zeynep die Unvereinbarkeit des Geschehenen mit dem ihr anerzogenen Gehorsam zum Verhängnis.

Einen ähnlich synergetischen Effekt erzielt das Berliner Nightingale-Projekt[23] mit Tandems aus FU-Studenten und Grundschulmigrantenkindern in einem Lifelong Learning Program. Mit EU-Mitteln wird eine wöchentliche 1 : 1 Begegnung gefördert, durch die der Student eine berufsqualifizierende Vorstellung der Lebenswelt des Migrantenkindes erwirbt und im Kind mittels didaktisch wertvoller Aktivitätsangebote Interessen weckt, seine Sprachkompetenz fördert und ihm ein positives Vorbild gibt in einer persönlichen Beziehung. In abgewandelter Form könnte dieses Projekt in vielen Schulen auch ohne EU-Gelder laufen.

Ich habe den Eindruck, dass unsere Deutschländerinnen ihre Emanzipationsbestrebungen rein äußerlich schon sehr stark zum Ausdruck bringen, manchmal durch eine sehr körperbetonte Bekleidung, auffallende Haarfrisuren und Schmuck, durch besondere ästhetische Reize, von denen ich weiß, dass sie nach deinem Empfinden Schule nicht unbedingt angemessen sind. Ich sehe darin einen Ansatz, sich als Deutschländerin als attraktive und selbstbewusste Frau darstellen zu wollen und einen Anknüpfungspunkt, diese Motivation und die Kraft eines positiven Selbstwertgefühls auch auf andere Gebiete der Selbstverwirklichung, nämlich schulische und berufliche Ziele, lenken zu können.

Ein großer Teil dieser Deutschländerinnen wird in diesem Jahr mit auf unser klassenübergreifendes Türkeiprojekt nach Kappadokien fahren. Ich verspreche mir auch daraus einen großen Profit für die Mädchen, dass sie Wertschätzung erleben, indem ihre deutsche Schule mit ihnen eine kulturelle Bildungsreise in das Land ihrer El-

---

23 Vgl. http://www.ewi-psy.fu-berlin.de/einrichtungen/arbeitsbereiche/grundschulpaed/2_deutsch/forschung/nightingale/index.html

tern und Großeltern organisiert, das sie kaum und meist lediglich aus einigen Ferien bei Verwandten kennen, während der sie wertvolle kulturelle Einblicke erhalten und Achtung und Respekt der türkischen Kultur gegenüber selbst empfinden und dies auch bei allen anderen Projektteilnehmern beobachten können. Ich stelle mir vor, dass das Erleben kultureller Akzeptanz wiederum die kulturelle Akzeptanz auf der Gegenseite hervorruft. Von da aus ist der Schritt nicht mehr weit zur Überschreitung kultureller Grenzen, zur transkulturellen Gesellschaft, wie ich sie oben beschrieben habe.

Wenn junge DeutschländerInnen, die sich auf ein Leben in Deutschland eingerichtet haben, Chancen an der Teilhabe der Werte in Deutschland erhalten, insbesondere durch ein effektiveres Bildungssystem mit einer pädagogischen Erfolgserwartungshaltung, einer konsequenten deutschen Sprachvermittlung, Prinzipien der Ermutigung, einem umfassenden Unterrichts- und Schulangebot, intensiver Elternarbeit und – wie ich persönlich finde – mit Strenge und Unnachgiebigkeit, sie sodann von der Möglichkeit der Selbstverwirklichung realiter Gebrauch machen können (und nicht nur als „Hartz IV"), dann werden sie sich hier wohl fühlen und deshalb Deutschland ihre Heimat nennen und die Türkei als das Land, in dem ihre Eltern und Großeltern geboren und zeitweise aufgewachsen sind. Dadurch würde auch die Auseinandersetzung, ob Deutschländer nun ihre Heimat in der Türkei oder als Heimatlose weder in der Türkei noch in Deutschland oder gar eine ‚Doppelte Heimat' haben, wie ein in Frankfurt gerade erschienenes Buch, herausgegeben von Beatrix Caner[24], titelt, ad absurdum geführt, und mit ihr die innerliche Zerreißprobe,

---

24 Beatrix Caner (Hg.): Doppelte Heimat – Çifte Vatan. Frankfurt a.M. 2008

die kürzlich Schüler im Rahmen unseres Schulprojekts „Klischees[25]: Typisch türkisch, typisch deutsch" klischeehaft nicht treffender hätten darstellen können (s. auch Anhang II):

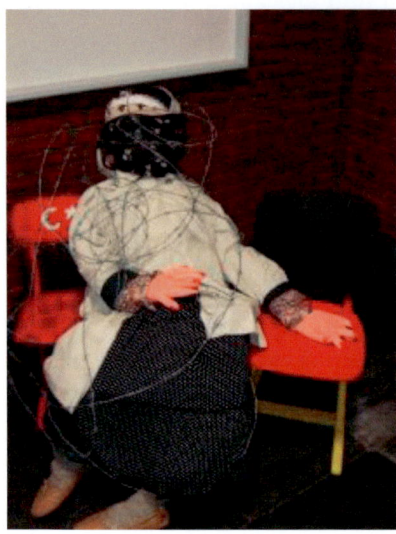

„Zwischen den Stühlen"
von Sara Berridy Y Fernandez und
André Tumbrock, GBBK-Erzieher-
FachschülerIn, Januar 2008

---

25 Klischee bedeutet ‚Abklatsch'. Klischees beinhalten eingefahrene Meinungen, übernommene Vorurteile, Erwartungen, die nicht überprüft worden sind. Aufklärung kann Vorurteile aufheben: Die Aufnahme von fehlenden Informationen sowie eine nähere Betrachtung und Auseinandersetzung mit einer Bevölkerungsgruppe könnten langfristig dazu führen, dass Stigmatisierungen (jemandem bestimmte negative Merkmale zuordnen) und selbsterfüllende Prophezeiungen vermieden werden.
In diesem Projekt werden Schüler in kleinen Arbeitsgruppen ‚ihre' Klischees künstlerisch darstellen. Im Gegensatz zum herkömmlichen Umgang mit Klischees, dass wir sie tabuisieren oder gar leugnen, ist jetzt eine Kommunikation über die Selbst- und Fremdwahrnehmung beabsichtigt, indem man erkennt, dass sich hinter dem ‚scheinbar Typischen' individuell etwas anderes verbergen kann.

- Die Skulptur stellt das Klischee des Lebens einer türkischen Frau in Deutschland dar.
- Die Nägel auf dem Türkeistuhl symbolisieren das unbequeme Leben einer nicht integrierten Frau in Deutschland.
- Der Stacheldraht ist ein Hinweis auf die Unterdrückung durch die Familienehre, Traditionen und Gewalt innerhalb der Familien.
- Die Sitzposition zwischen den Stühlen zeigt den Entscheidungskonflikt, mit dem sie sich auseinander setzen muss.

SECHSTER BRIEF
Hatice Gündoğdu

Liebe Ulrike,

du hast in dem Punkt Recht, wenn du sagst, du würdest nur ungern ausländische Familien beraten und somit ihnen ‚überlegen, belehrend, kritisierend' erscheinen, aus Angst – womöglich auch vor einer Enttäuschung – man könnte dir Ausländerfeindlichkeit vorwerfen. Die Gefahr besteht gewiss, wer aber dieses ‚man' ist, muss erst geklärt werden.

Seit einigen Jahren ist es vermehrt die ausländische Bevölkerung, die Nicht-Ausländern, aber auch nicht nur[26], Ausländerfeindlichkeit vorwirft. Aber darauf sind die Ausländer nicht selbst gekommen! Unsere nicht-ausländischen Bürger gerieten in einen Zweikampf untereinander. Dabei ging es nicht etwa um die Frage, wer ausländerfeindlich und wer -freundlich war, sondern wer ausländerfeindlicher als der andere war und sich dabei erwischen ließ. Bei den einschlägigen

---

26 Eine türkeistämmige Kollegin an einer anderen Schule wurde von ihren türkeistämmigen Schülerinnen und Schülern ebenfalls für ausländerfeindlich erklärt.

Diskussionen, bei denen man – passend zum Zeitgeist der durch Einschaltquoten und Publicity gelenkten Medien – nicht immer die Form bewahrte, entstand der grobe, aber dominante Eindruck, dass alles, was von der ausländischen Bevölkerung eingefordert wird, gleichzeitig und ausnahmslos Ausländerfeindlichkeit ist. So begegnen wir heute vielen Nicht-Deutschen in Deutschland, die vollkommen unglücklich sind, weil die Deutschen von A-Z ausländerfeindlich sind. Wir begegnen Schülerinnen und Schülern in allen Jahrgangsstufen, die offen über Ausländerfeindlichkeit sprechen, wenn ihnen gesagt wird, sie möchten doch bitte nicht einen Bleistift, sondern einen Kugelschreiber oder Füller für eine Klassenarbeit oder Klausur nehmen. Die Antwort auf die Frage: Wo sind deine Hausaufgaben? ist längst nicht mehr: Entschuldigung, ich habe sie nicht! Stattdessen heißt es: „Sie haben was gegen Ausländer!" Das ist eigentlich keine großartige Sache. Es ist ein typisches Schülerverhalten, ja sogar ein äußerst menschliches Verhalten, die Schuld von sich zu weisen. Nicht-ausländische Schülerinnen und Schüler antworten auf die Hausaufgabenfrage mit derselben Selbstverständlichkeit, ihre Hausaufgaben nicht erledigt zu haben: X (Der Tischnachbar) hat mein Aufgabenblatt mit nach Hause genommen! Du kannst entscheiden, welcher Schüler kreativer ist, wenn es um Ausreden geht. Dieses schulische Verhalten überträgt sich nun auf alle anderen Lebensbereiche und erobert den Teil der Gesellschaft, in der Bildung ‚abnimmt'. Meines Erachtens ist es der Großteil der Gesellschaft. Wie das in Deutschland passieren konnte? Die Menschen werden durch irgendwelche Diskussionen um das Bildungssystem hingehalten. Tatsächlich wird aber, meiner Meinung nach, versucht, bewusst eine statarische Unterschicht einzurichten.

Die Ausländerfeindlichkeit in Deutschland kann man nicht leugnen. Sie wird aber auch oft ohne Grund oder aus Gründen, die nichts damit zu tun haben, erzeugt.

Eben aus diesem Grund denke ich auch, dass die gesellschaftlichen Probleme, die seit Jahr(zehnt)en und insbesondere in letzter Zeit intensiv diskutiert werden, nicht direkt mit den Nicht-Deutschen zu tun haben, obwohl dieser Teil der Gesellschaft oftmals als Grund unerwünschter gesellschaftlicher Entwicklungen gezeigt wird. Wir haben Probleme in unserer Gesellschaft, zu denen wir stehen sollten und die auch zu bewältigen wären, wenn man sich auf die Lösung dieser Probleme konzentriert. Es bringt nichts, einen Teil der Gesellschaft für Defizite in der Gesellschaft verantwortlich zu machen. Dabei wissen diese Menschen gar nicht, was sie Großartiges ‚leisten‘, dass sie als eine Minderheit in Deutschland das ganze Land auf den Kopf stellen!

Wir müssen aufhören, uns gegenseitig zu etikettieren. Wir müssen anfangen, das Potenzial, das in allen Menschen dieses Landes steckt, zu fordern und auch als Chance zu nutzen, dieser ganzen Integrationsdebatte endlich einen Punkt zu setzen.

Ich bin noch nicht lange im Schuldienst, deshalb kann ich mir nicht anmaßen, zu behaupten, ich hätte schon sehr viel Berufserfahrung. Wenn ich mir meine Klientel in der Schule anschaue, kann ich aber schon sagen, dass sie genau den ‚problematischen‘ Teil der Gesellschaft repräsentiert. Hierbei unterscheide ich auch nicht zwischen Deutschen und Nicht-Deutschen, denn sie sind fast in jeder Hinsicht identisch. Es lässt sich beobachten, dass die Schülerinnen und Schüler, die schon eine 9-10 jährige Schulsozialisation hinter sich haben, zu Beginn des Schuljahres Schwierigkeiten damit haben, wenn man als Lehrperson etwas einfordert. Sie sind ganz einfach nicht daran gewöhnt. Dabei haben die meisten einen Hauptschulabschluss nach der Klasse 10 bzw. 9 ‚erreicht‘! Noten sind keine überzeugenden Druckmittel, wenn man sie zum Arbeiten bringen will. Das habe ich zum ersten Mal begriffen, als ich nach meinem Referendariat ca. 4 Monate an einer Hauptschule in Essen eine Vertretungsstelle antrat. Mein Referendariat hatte ich an einem Gymnasium in Düsseldorf absolviert. Da hatte man nur von Noten gesprochen, schon sah man eine positive Entwicklung. An der Hauptschule war es ziemlich anders. Noten interessierten niemanden. Als ich mein Vorstellungsgespräch an der Hauptschule hatte, sagte mir die Schulleiterin, dass es hier nicht auf Leistung ankomme. Wir sollten versuchen, eine Beziehung zu den Schülerinnen und Schülern aufzubauen und ihre sozialen Kompetenzen erhöhen. Das hatte ich in dem Gespräch nicht so richtig verstanden, aber das sollte schon bald kommen. Es war überhaupt nicht möglich, Unterricht zu machen. Es war nicht möglich, die Schülerinnen und Schüler dazu zu bewegen, das zu tun, was ich wollte. Sie hatten nichts zu befürchten, ich konnte ihnen mit nichts drohen. Am ersten Tag wollte ich schon aufgeben, aber ich dachte, wenn ich jetzt aufgebe, kann ich diesen Beruf nie ausüben. Ich blieb und versuchte einfach den Rat der Schulleiterin zu befolgen. Ich habe versucht, auf emotionaler Ebene die Schülerinnen und Schüler anzusprechen. Das war gar nicht schwer. Sie wollen nämlich einfach über persönliche Dinge oder Probleme sprechen und sie wollen, dass ihnen zugehört wird. Ich schaffte es natürlich nicht, auch nur einen zu einem Musterschüler zu machen, aber in kürzester Zeit habe ich es zumindest geschafft, dass sie mir zuliebe an Aufgaben arbeiteten, die ich austeilte. Insbesondere in dem Fach Kunst, welches ich fachfremd unterrichtete, sahen wir tolle Ergebnisse.

Meine derzeitige Klientel empfinde ich nicht als so extrem, aber in vielen Punkten vergleichbar mit den Schülerinnen und Schülern dieser Hauptschule. Aus diesem Grund versuche ich zunächst, eine emotionale Beziehung zu ihnen herzustellen. Wenn ich es erreicht habe, muss ich sie nur noch darum bitten, etwas zu tun. Das funktioniert mit nicht-deutschen und deutschen Schülerinnen und Schülern gleichermaßen. In unserer Grundhaltung müssen wir als Lehrpersonal überall, an jeder Schulform in jeder Stadt, gleich sein. Wir müssen das Potenzial in jedem Schüler und jeder Schülerin sehen und es fordern. Die Formfrage muss dann nur noch geklärt werden.

Es gibt nicht Wenige, die in sozialen Berufen arbeiten und sich resigniert zeigen, mit dem Vorwand, die Schülerinnen und Schüler nicht-deutscher Herkunft könnten nicht mal elementare Sprachkenntnisse im Deutschen vorweisen. Dabei haben sie auch noch Recht! Was sie aber nicht berücksichtigen, ist, dass das eine Erscheinung ist, die man auch bei sehr vielen deutschen Schülerinnen und Schülern hat. Es genügt hier nicht einfach zu behaupten, dass diese Kinder unfähig sind, die Sprache zu lernen. Es kann doch nicht sein, dass so viele Kinder beschränkt sind in ihrer Sprachfähigkeit! Man muss sich vielmehr die Frage stellen: Wieso gelingt es nicht, diesen Kindern die Sprache zu vermitteln?

Ich gehöre zu der zweiten Generation der Arbeitsmigranten hier in Deutschland. Wir waren eine große Familie, wie fast jede türkische Familie damals. Wir sind acht Geschwister. Vielleicht nicht nur, aber auch deshalb hatten wir als Kinder sehr wenig bis gar nicht Kontakt zu Deutschen. So kam es, dass wir bei der Einschulung kein Wort Deutsch konnten. Kindergärten waren nicht sehr verbreitet. Damals gab es reine Türken-Klassen und Klassen, in denen Deutsche und ab der 3. Klasse auch ausländische Schülerinnen und Schüler, die ein bestimmtes Sprachniveau erreicht hatten, mit Deutschen zusammen unterrichtet wurden. In kurzer Zeit konnten die Schülerinnen und Schüler Deutsch sprechen. Heute wird das nicht erreicht, obendrein werden die Kinder als sprachunfähig erklärt.

Ich kann die Gründe für dieses Versagen nicht eindeutig und vollständig bestimmen, deshalb verzichte ich an dieser Stelle, überhaupt

einen Grund zu nennen. Stattdessen will ich ein paar Beispiele an-
führen, wie sensibel man mit Sprache umgeht – insbesondere im Ele-
mentar- oder Primarbereich der Stadtteile, die ‚sozialer Brennpunkt‘
genannt werden. Mein Neffe, der mittlerweile 13 ist, brachte in der
4. Klasse ein korrigiertes Diktat nach Hause. Das Diktat war voller
Fehler, die nicht korrigiert waren, u. a. auch das Wort ‚wir‘ mit ‚ie‘.
Meiner Schwester zeigte ich das Diktat und die nicht korrigierten
Fehler. Sie habe daraufhin ein Gespräch mit der Lehrerin gehabt, die
ihr das Ganze so erklärte, dass ihr Sohn ja sonst keine 3 bekommen
hätte. Die Lehrerin, die entweder nur flüchtig korrigierte oder die
Rechtschreibung auch nur so weit beherrschte oder was auch immer,
entpuppt sich hier als Schutzengel. Ob das ihr Ernst war oder nur eine
Ausrede, weiß ich nicht, aber das Beispiel zeigt, wie verantwortungs-
los mit diesen Kindern umgegangen wird.

Ich hatte sehr oft das Gefühl, dass an Schulen mit sehr hohem Aus-
länderanteil schlampig gearbeitet wird, aber glauben wollte ich es nie,
denn es ist zumindest unkollegial so zu denken. Außerdem, wie soll
ich den Integrationsauftrag der Schule für meinen Teil erfüllen, wenn
ich dieses System der sozialen Klassen sehe? Auch wenn man es nicht
glauben will, es gibt doch Beispiele, die belegen, dass dieses Gefühl
sich konkretisiert.

Vor nicht so langer Zeit wollte ich mit meiner Schwester zusammen
meine Nichte vom Kindergarten abholen. Da habe ich bemerkt, dass
auf einem Plakat das Wort ‚außen‘ mit Doppel-s geschrieben stand.
Das habe ich meiner Schwester, der das nicht aufgefallen war und
die auch nicht auf den Gedanken kommen würde, dass diese Pädagogen etwas falsch schreiben könnten, mitgeteilt. Sie sagte, ich könnte
es der Erzieherin sagen. Es ist wirklich so eine Kleinigkeit, dass du
Recht hast, Ulrike, ich hätte einfach hingehen und das Wort selber
korrigieren können. Stattdessen ging ich zu dieser Erzieherin, der ich

mein Anliegen sogar sehr freundlich mitgeteilt habe. Diese wollte mir zuerst erklären, dass man das Wort nach der neuen Rechtschreibung auch so schreiben könnte, was bei mir natürlich keine Wirkung zeigte, weil ich die Regeln der neuen Rechtschreibung ganz genau kenne, da wurde sie frech und meinte, sie habe jetzt keine Lust, sich noch mal eine Rechtschreibung anzueignen. Der Ton gefiel mir nicht, deshalb ging ich zur stellvertretenden Leiterin des Kindergartens. Die Leiterin hat sofort klar gestellt, dass sie die Rechtschreibung selber nicht beherrscht und fand es auch nicht so schön, dass die Erzieherin ihre Unlust aussprach. Als die Erzieherin herbeigewunken wurde, hat sie erst mal geleugnet, so was gesagt zu haben, dann sagte sie, ich müsse doch verstehen, dass sie wichtigere Dinge zu tun hätten als Plakate zu korrigieren. Hundert Kinder wären nämlich zu versorgen mit Essen. Ob ich denn wollte, dass die Kinder verhungern? Ich fragte sie, was sie gemacht hätten, wenn sie in Düsseldorf arbeiten würden. Die stellvertretende Leiterin machte eine heftige Geste und sagte: „Darauf hätten wir uns anders eingestellt!" Ich glaube, mehr muss ich nicht erläutern, das spricht für sich.

Die Unterschicht-Deutschen trifft das natürlich auch, aber die ausländischen Kinder trifft das Ganze noch stärker.

SIEBTER BRIEF
Ulrike Zenk

Liebe Hatice,

deine Ausführungen wirken auf mich teils entmutigend, teils ermutigend.

Entmutigend finde ich, dass nach deiner Betrachtungsweise unsere ganzen Integrationsbemühungen solange an die Wand fahren müssen, solange unser Gesellschafts-,system' wirklich darauf ausgerichtet ist, eine Unterschicht zu bilden, vornehmlich aus der türkeistämmigen Bevölkerung, die darüber hinaus zudem selbst noch für die Defizite unserer Gesellschaft verantwortlich gemacht wird. Mit anderen Worten lautet deine Hypothese: Das System unserer Gesellschaft, das der Bildungseinrichtungen, also auch das der Schule, perpetuiert ,unterschichtserzeugende' Kommunikations-, Definitions-, Erwartungs- und Interpretationsmuster. Ich stimme dir zu, dass ,versteinerte' und im schlimmsten Falle (latent) aversive Äußerungen und Haltungen von LehrerInnen türkeistämmigen SchülerInnen gegenüber, sie seien unfähig, nicht lernwillig und zudem verhaltensauffällig, eine Dynamik innerhalb des Systems Schule tradieren, die neue Lösungen der

Integration verhindert. Denn es sind die türkeistämmigen SchülerInnen, die als Problem definiert sind, in denen selbst die Ursachen des Problems angenommen und von denen auch die entsprechenden Folgen, nämlich die ihres Versagens, erwartet werden, die als die ‚Schuldigen' ausgemacht sind. Sie erfüllen somit sogar eine ‚gute' Funktion für die Erhaltung des Systems, denn es braucht sich selbst, seine pädagogischen Handlungsweisen, nicht in Frage zu stellen. Auf diesem Hintergrund erscheint der türkeistämmigen SchülerInnen gegenüber feindselige Lehrer weniger feindselig, geben ihm diese SchülerInnen doch Grund genug für seine Feindseligkeit. Das System trachtet danach, sich selbst auf diese Weise zu erhalten, weil alle Beteiligten minimal Energie verschleißen, es also alle Beteiligten ‚entlastet': Die Lehrer, die rigide in ihrem wenngleich erfolglosen Tun fortfahren können, ohne den Aufwand alternativer kreativer pädagogischer Lösungen betreiben zu müssen – für die Erfolglosigkeit verantworten sie die Schüler –, die Schulleitung, die für Klassenbildung, Lehrerstunden und Entwicklung besonderer pädagogischer Konzepte keine weiteren Ressourcen aufwänden muss – für das pädagogische Misslingen verantwortet sie die betreffenden Lehrer und Schüler – und die Schüler selbst, die weiterhin ganz einfach den minimalen Erwartungen bzw. den Misserfolgserwartungen entsprechen müssen – für ihr Verlieren machen sie die Schule verantwortlich.

Nun stellt sich für mich aber die Frage, kann der gesellschaftliche Sektor der Bildung, die Schule, mit solch einem System zufrieden sein? Der einzelne Lehrer mit minimalen oder gar keinen Lernfortschritten und gleichzeitig einem hohen Maß an psychosozialer Belastung? Eine Schule mit schlechten Schulabschlüssen und Schülern mit Entlassungen in die Arbeitslosigkeit, Perspektivlosigkeit und einem damit jeweils verbundenen geschwächten Selbstwertgefühl, Verhaltensauffälligkeiten der (religiösen und gesellschaftlichen) Regression und

Verwahrlosung mit hohem Aggressionspotenzial sowie psychosomatischen Symptomen?[27] Eine Schule, die für sich die Chancengleichheit, die Entfaltung der Persönlichkeit, die individuelle Förderung und die Integration in ihrem Schulprogramm[28] reklamiert?

Nein! Mitnichten!

Deine systemische Betrachtungsweise könnte uns jedoch andererseits helfen, unsere pädagogischen Ziele erfolgreicher umzusetzen. Nun komme ich zu dem ermutigenden Teil.

Ich möchte an deinem Vorschlag anknüpfen, „das Potenzial, das in allen Menschen dieses Landes steckt, zu fordern und auch als Chance zu nutzen" und orientiere mich dabei an den Regeln der systemischen Therapie[29]. Voranstellend geht es um die Einführung des neuen Fokus auf die eben genannten dysfunktionalen Strukturen im System Schule, weg vom ‚Problem = türkeistämmige Schülerklientel'. Diese Aufgabe der Fokusverschiebung kann m. E. nur die Schulleitung selbst leisten, denn sie verfügt über die stärksten Möglichkeiten sowohl der Meinungsbildung wie auch der Gratifikation und sie hat das größte Interesse, neue Problemlösungen zu generieren und auf diesem Gebiet Qualitätssicherung zu betreiben.

---

[27] Meines Erachtens steht hier eine Studie der psychosomatischen Symptome bei türkeistämmigen Mädchen und Frauen dringend an! Aufgrund meiner langjährigen beruflichen Beobachtung habe ich die Vermutung, dass infolge der Lebenskonflikte der türkeistämmigen Migranten die Psychosomatisierung unter Frauen die geschlechtsspezifische Ausdrucksweise ist analog zum Aggressionspotenzial unter jungen türkeistämmigen Männern (vgl. Ahmet Toprak: Das schwache Geschlecht – die türkischen Männer: Zwangsheirat, häusliche Gewalt, Doppelmoral der Ehre. Freiburg 2007).
[28] Vgl. z.B. GBBK Schulprogramm 2006: http://www.gertrud-baeumer-bk.de, pp. 11 f.
[29] Vgl. Jürgen Kriz. Grundkonzepte der Psychotherapie. Weinheim 2001, 5. Aufl.

Anschließend geht es um die Reparatur des Systems, die ich analog zu den Regeln für den systemischen Familientherapeuten entfalten möchte: (a) Allparteilichkeit. Schulleitung, Lehrer und Schüler bemühen sich aktiv, sich in jedes andere Subsystem einzufühlen. Zu wenig Beachtung erhalten m. E. die betreffenden Lehrer, die einerseits mit einer pädagogischen Herausforderung konfrontiert sind, nämlich eine durch jahrelange Misserfolgserlebnisse geprägte Schülerklientel bei einem letzten Versuch im Berufskolleg auf die Spur eines erfolgreichen Schulabschlusses zu bringen, die andererseits sich überfordert und allein gelassen fühlen und teilweise um das Überleben kämpfen, und die türkeistämmigen Schüler, deren ungünstige bis bedrohliche soziale, ökonomische, psychische und gesundheitliche Lebenslage von Lehrern kaum oder gar nicht wahrgenommen wird. Welche Ressourcen könnte Schulleitung hier zur Verfügung stellen, damit Lehrer interkulturelle Kompetenz erwerben, aktives Zuhören, Verstehen und helfendes Unterstützen lernen können und wollen ebenso wie die Techniken der konfrontativen Pädagogik, die Ahmet Toprak für die Erziehung insbesondere aggressiver männlicher türkeistämmiger Jugendlicher und zur Gewaltprävention[30] entwickelt und begründet hat? Toprak erweitert die pädagogische Methodenvielfalt um klassische Anti-Aggressions-Maßnahmen und die konfrontative Gesprächsführung für den pädagogi-

---

30 Vgl. Ahmet Toprak: „Ich bin eigentlich nicht aggressiv". Theorie und Praxis eines Anti-Aggressions-Kurses mit türkischstämmigen Jugendlichen. Freiburg 2001

schen Alltag[31]. Neben einer pädagogischen Haltung der Achtung und Wertschätzung betont Toprak die Notwendigkeit erzieherischer Kompetenzen der unnachgiebigen Konsequenz bei Verletzungen von vorher verständlich begründeten klaren Vereinbarungen und Grenzen, damit sich der Lehrer Respekt verschafft und der Schüler sich sicher fühlen kann, da ihm die Grenzen und Konsequenzen transparent sind.

Die Kollegen, die die Disziplinlosigkeit unserer türkeistämmigen Schüler beklagen, staunen doch sehr, wie dieselben Schüler dir gegenüber natürlichen Respekt zeigen und sich zu Beginn der Stunde von ihren Plätzen erheben, ohne dass du es ihnen je abverlangt hast. Ein Lehrer muss sich in Aus- und Fortbildungen mit den spezifischen Sozialisationsbedingungen[32] und Gewalterfahrungen der türkeistämmigen Jugendlichen sowie mit dem Gegensatz in den Grundwerten im Erziehungskonzept der türkeistämmigen Familie und der deutschen Schule[33] auseinander gesetzt haben, um die ‚kognitive Hypothese' türkeistämmiger Jugendlicher mit devianten Verhaltensmustern „Mein einziger Ausweg ist die Überbetonung der Imperative traditio-

---

31 1. Lehrer fragt nach dem ‚Warum' der Regelverletzung, akzeptiert aber alle ‚wichtigen' Nebenfaktoren nicht. 2. Lehrer ist unnachgiebig. 3. Lehrer widerlegt Aussagen der Schüler. 4. Lehrer wiederholt seine Aussagen, bis Schüler Teilverantwortung übernimmt und keine Entschuldigungen mehr sucht. 5. Lehrer ist nur an Fakten interessiert und lässt keine Ablenkungsmanöver zu. 6. Lehrer verlangt keine Einsicht (vgl. Ahmet Toprak: Jungen und Gewalt. Die Anwendung der Konfrontativen Pädagogik in der Beratungssituation mit türkischen Jugendlichen. Herbolzheim 2006², pp. 83 ff.).
32 der familialen und der außerfamilialen (insbesondere in der ‚re-ethnisierenden' Peergroup) Sozialisation (vgl. a.a.O. pp. 31 ff.).
33 Gehorsam/Unterordnung versus Selbstreflexion/Selbstständigkeit; Solidarität/Loyalität versus Eigenverantwortung; Kollektivismus versus Individualismus; Rigidität versus Liberalität; vorherrschender Erziehungsstil: autoritär („Wer seine Kinder nicht schlägt, hat das Nachsehen") versus demokratisch (vgl. a.a.O. pp. 20 ff.).

neller ‚Männlichkeit' sowie rigider religiöser Werte der ‚Ehre'"
verstehen zu können. Durch die Methode der Konfrontation
gibt er dem Jugendlichen eine Chance, sein Denkmuster, z.B.
„Gewalt bringt mir Vorteile", gerade zu rücken.[34]

(b)   Aktivität. Ein häufiges Eingreifen ist notwendig, um den
‚malignen Clinch', also einen Machtkampf, einen Streit, der
das Gegenüber abwertet, kränkt, zerstört, zu verhindern. Ein
Eingreifen wäre z.B. dann notwendig, wenn sich eine türkeistämmige Gruppe auf dem Schulhof in der Pause von einem
Lehrerkollegen angegriffen fühlt, weil dieser sie herabsetzend
ermahnte, ‚nicht Türkisch' zu sprechen. Gibt es einen Grund,
sich in der Pause nicht in der Muttersprache zu unterhalten?
Würde der Lehrer dasselbe tun, unterhielten sich die Schüler
auf Englisch? Warum nutzt er nicht die Chance, sich einen Einblick in die türkische Sprache zu verschaffen, um dann wissend
um die Sprachdifferenzen gezielt Hilfestellungen beim Sprach-
erwerb der deutschen Sprache geben zu können und beiläufig
den türkeistämmigen Schülern das Gefühl, dieser Lehrer wert-
schätzt meine Muttersprache und damit auch mich?
Ein Eingreifen finde ich auch dann erforderlich, wenn türkeistämmige Schüler während des Unterrichts zur Rechtfertigung
ihres Tuns oder Nichttuns „Das steht im Koran!" oder „Sie
verletzen meine religiösen Gefühle!" oder „Sind Sie ausländerfeindlich?" als „subtile Waffe" verwenden und mir versuchen,
Schuldgefühle zu machen. Im Unterricht geht es nämlich (außer im Religionsunterricht) nicht um religiöse Angelegenhei-

---

34 Vgl. Was macht viele junge Türken so aggressiv? Interview des ABENDBLATTES mit
Ahmet Toprak am 21.1.2008. http://www.asw.fh-dortmund.de/toprak/Seite1.htm

ten. Hier zählt das Schulgesetz und der jeweilige unterrichtliche Rahmenplan. Alle ernsthaften Schülerbedenken auf diesem Gebiet gehören in ein Vier- (oder Mehr-) Augen-Gespräch mit dem jeweiligen Lehrer.

(c) Betonung des Positiven. Das ‚Verlieren' der türkeistämmigen Schüler ist nicht ‚pathologisch', sondern funktional für das Schulsystem. Sie zahlen einen hohen Preis für die ‚Erhaltung' des Systems (s. oben)!

(d) Mobilisierung von Ressourcen. Hier möchte ich auf ein paar wichtige eingehen:

(1) Wir nutzen erst seit zwei Jahren die muttersprachlichen Kompetenzen der türkeistämmigen Schüler, indem die Integrationsklassen zwei Wochenstunden Türkisch erhalten. Die Förderung der türkischen Sprache könnten wir allen türkeistämmigen Schülern und in umfassenderem Maße zuteil werden lassen, mit dem Ziel eines qualifizierten türkischen Sprachstandardzertifikats, welches für Erzieher in sozialpädagogischen Institutionen mit hoher türkischer Migration, bei Beschäftigungen in deutsch-türkischen Unternehmen und auch bei einer eventuellen Rückeingliederung in die Türkei von Bedeutung werden kann.

(2) Unsere türkeistämmigen Integrationsmädchen weisen in hohem Maße soziale und emotionale Kompetenzen auf durch ihre Hilfsbereitschaft und ihren Zusammenhalt, ihre Bereitschaft, sich in gruppenbezogenen Prozessen aktiv einzubringen, Aufgaben und Verantwortung für das Gruppengeschehen zu übernehmen, positive Stimmung in der Gruppe zu erzeugen durch ihre großartigen Spiel- und Singfähigkeiten und ihre -freude, ihre Bereit-

schaft, ihre hauswirtschaftlichen Fähigkeiten zu nutzen bei der Zubereitung von Speisen und der Bewirtung bei schulischen Veranstaltungen. Wir konnten diese Ressourcen ausführlich während unseres diesjährigen schulischen Türkeiprojekts beobachten[35], während es uns im schulischen Alltag noch nicht befriedigend gelingt, diese für erfolgreiche Lernprozesse zu nutzen, insbesondere nicht für ‚individuelle‘ Lernprozesse.

(3)   Unsere IntegrationsschülerInnen haben die Bereitschaft, sehr viel mehr *Zeit* in der Schule zu verbringen, während Schüler im Allgemeinen die Tendenz zeigen, so schnell wie möglich das Schulhaus wieder zu verlassen. In einer Binnenevaluation geben sie sogar an, mehr Deutschunterricht sowie eine Hausaufgabenstunde haben zu wollen, außerdem mehr Angebote außerunterrichtlicher Aktivitäten, nachmittäglicher Arbeitsgemeinschaften sowie von Projekten gemeinsam mit anderen Klassen (insbesondere der Fachschule für Erzieher, zum Beispiel im Rahmen des Unterrichtsfaches ‚Projektarbeit‘).

(4)   Eine weitere Ressource sehe ich in der Bereitschaft der Zusammenarbeit in der türkeistämmigen Elternschaft. Lädst du die Eltern zum Elternabend ein, erscheinen die Eltern ziemlich vollständig. Dieselbe Beobachtung machten wir auch beim Präsentationsabend des Türkeiprojektes. Mütter und Geschwister und teilweise auch

---

35 Die Kindergartenleiterin in Antalya sagte uns nach den Aktionen unserer Schülerinnen mit den Kindern und der Diskussion mit Erzieherinnen über Erziehungsfragen, dass sie keinen Unterschied bemerkt habe zwischen unseren Integrationsmädchen und den Erzieherschülerinnen!

Väter und Verwandte besuchten zahlreich und mit großem Interesse diese Schulveranstaltung, bestückten das Büffet mit türkischen Delikatessen und bereiteten uns allen einen richtigen Festabend. Hier bieten sich viele Ansatzpunkte der Elternarbeit, die gerade wichtig ist bei ‚bildungsfernen' Eltern, um ihr Vertrauen in unser Schulsystem zu gewinnen und sie zu überzeugen, dass die Erziehung und Bildung in unseren Bildungseinrichtungen Schrittmacherfunktion haben für eine sichere soziale Position innerhalb der deutschen Gesellschaft und auch für die Identitätsentwicklung ihrer Kinder. Du selbst kannst diese Elternarbeit ‚unmissverständlicher' gestalten als ein deutscher Lehrer ohne Migrationshintergrund. Als du kürzlich einen türkischen Vater zu einem Gespräch in die Schule batest, weil er seiner Tochter keine Erlaubnis zur Teilnahme an einem Theaterbesuch deiner Klasse erteilte, entschuldigte er sein Nicht-Kommen-Können mit dem freitäglichen Moscheebesuch und wies dich darauf hin, dass du das als Muslimin ja verstehen müsstest. Diese Entschuldigung hast du nicht akzeptiert. Deine Antwort lautete: „Wenn Sie ein guter Muslim sind, dann kümmern Sie sich bitte um die Erziehung Ihrer Tochter!" Diese Antwort hätte ich nicht geben können, zumindest nicht ohne Gefahr, dass dieser Vater sich angegriffen fühlt.

Du selbst bist im Rahmen der Elternarbeit die wichtigste Ressource! Deine Kooperation mit türkeistämmigen Eltern ist frei von Sprachbarrieren, gekennzeichnet durch hohe gegenseitige Akzeptanz und Wertschätzung und sie ermöglicht so, festgefahrene Strukturen aufzubrechen, die Scheu und Vorbehalte der Eltern gegenüber ‚Schule' abzubauen, da die türkeistämmigen Eltern in dir als Vertrauensperson sowohl ein ‚Stück Heimat' sehen sowie eine ‚Vermittlerin' unterschiedlicher Kulturen und ein positives Vorbild einer gelungenen türkeistämmigen Biographie in Deutschland.

ACHTER BRIEF
Hatice Gündoğdu

Liebe Ulrike,

ich schäme mich!

Es gab erneut einen Vorfall in diesem besagten Duisburger städtischen Kindergarten. Vor ein paar Tagen hätte meine Mutter meine Nichte A. vom Kindergarten abgeholt. Die Erzieherin hätte ihr die Ersatzkleidung von A. mitgegeben und hätte ihr was gesagt. Meine Mutter habe nichts verstanden. Sie ist der deutschen Sprache nicht mächtig. Meine Schwester hätte die Sachen entgegengenommen mit der Frage im Hinterkopf, warum A.'s Klamotten mitgeschickt wurden, es wäre ja noch viel Zeit bis zu den Ferien. Die Frage hätte sie aber noch weiter zurückstellen müssen, weil sie sich nach stundenlanger Arbeit in der Schulmensa ausruhen wollte. Sie hätte sich erst viel später am Abend damit beschäftigen müssen, weil sie aufgrund eines Übelgeruchs erneut aufmerksam wurde auf dieses Bündel. Nach einer Begutachtung sei sie sich sehr sicher gewesen: Das Bündel stinkt nach Urin! Sofort wird die kleine A., die vor kurzer Zeit fünf Jahre alt wurde, gerufen. Ihre Erzählung sinngemäß: „X. (so heißt diese Erzieherin) hat mich aus dem Sandkasten geholt und mich zur Toilette gezerrt; in der Toilette lag ein Schuh, worauf ‚A-a' gemacht worden war; X. schimpfte laut, dass ein anderes Kind und ich das gemacht hätten; ich sagte, nein, ich hab das nicht gemacht; daraufhin hielt mich X. fest und schrie, dass wir unsere Ersatzkleidung holen und in ein Klo eintauchen müssen, damit wir verstehen, dass man so was nicht macht; es war ganz ekelig." Am nächsten Tag erfährt meine Schwester, dass es das andere Mädchen getan hatte, von dessen Vater am Telefon.

Ich schäme mich! Ich kann dich aber beruhigen: Ich schäme mich nicht deshalb, weil ich auch schon eine Deutsche bin!

Ich habe dir in der Schule zwischen Tür und Angel erzählt, was mir meine Schwester am Telefon erzählt hatte. Dann mussten wir beide in unseren Unterricht gehen. Zunächst hast du per SMS mir deine Empörung mitgeteilt und Tipps gegeben, was zu machen wäre. Als wir uns am Nachmittag getroffen haben, konnten wir noch ausführlicher darüber sprechen. Am Abend bekomme ich einen Anruf von dir, wobei du mir mitteilst, dass du drei Briefe in diesem Zusammenhang geschrieben hättest, zusammen mit deinem Mann, der ja ein Jurist ist. Diese Briefe sind an den Minister für Integration, den Oberbürgermeister der Stadt Duisburg und das Landgericht Duisburg adressiert.

Ich schäme mich! Ich schäme mich, dir gegenüber mich oftmals pessimistisch ausgedrückt zu haben. Tut mir leid! Du wirst mir widersprechen, wenn ich dir sage, dass es nicht deine Sache ist. Aber ich tu's: Es ist nicht deine Sache! Doch setzt du dich hin und beschäftigst dich damit. Du kannst nicht die Fehler anderer ausgleichen, nur weil du Angst vor Verallgemeinerungen hast, weil du Angst hast, eine typisch deutsche Ausländerfeindlichkeit würde sich ein weiteres Mal bestätigt finden! Aber diese X. kann auch nicht eine ganze Gesellschaft beschmutzen! Das habe ich nun richtig verstanden.

Natürlich sprechen wir ständig davon, dass man nicht verallgemeinern darf, und dass jeder im Regelfall für die eigenen Fehler selbst verantwortlich ist, aber jeder von uns ist so sehr mit Vorurteilen belastet, dass wir ständig auf diese reinfallen und zu Verallgemeinerungen neigen. Insbesondere in diesem speziellen Fall neigt man dazu – aufgrund der Ausführungsrichtung dieser Tat –, von Ausländerfeindlichkeit zu sprechen. Aber die nächste Tat zeigt schon, dass das falsch ist. Gegen diese Auffassung und jede Verallgemeinerung spricht mindestens eine Person in einer unglaublichen Deutlichkeit! Ich kann gar nicht in Worte fassen, was das zu bedeuten hat, für mich und für viele andere wie mich. Ich habe lange Zeit in meinem Leben die Gesellschaft aus der deutschen Seite zwar nicht gekannt, aber ich habe sie als unangenehm empfunden. Seit ca. zwei Jahren, also seitdem ich an unserer Schule bin, fühle ich mich sehr wohl in Deutschland. Ich fühle mich beachtet, ich sehe Wertschätzung, ja, ich fühle mich sogar bedeutend! Es gibt nichts Schlimmeres für ein sich in seiner Sozialisation befindendes Kind, so denke ich, als einen Minderwertigkeitskomplex gegenüber einer Gesellschaft, der Gesellschaft, in der es lebt oder leben soll. Deshalb braucht es eine starke Identität. Identitätsfindung ist sehr stark abhängig von der sprachlichen Sozialisation. Das Kind kann nur über Sprache zu einem ausreichenden Intellekt gelangen, der für eine Identitätsfindung zwingend ist. Das Kind lernt Denkstrukturen kennen und kann diese je nach sprachlicher Kompetenz flexibilisieren. Wenn das Kind in einem Umfeld lebt, in dem die Muttersprache dominiert, ist es auch zwingend, dass das Kind seine sprachliche Sozialisation zunächst in der Muttersprache durchlebt. Wenn die Bedingungen gegeben sind, kann die Zweitsprache zeitgleich oder zeitnah mit der Muttersprache angeeignet werden. Demnach ist die Bedeutung der Muttersprache sehr hoch, nicht nur, was die Sprachkompetenz betrifft, sondern auch, was Identitätsbildung angeht.

Ich habe Türkisch für das Lehramt studiert und es hat mir immer Freude bereitet, in türkischer Sprache Unterricht zu machen. Trotz dieser emotionalen Bedeutung dieses Faches für mich habe ich mich häufig schlecht gefühlt an der Schule, an der ich mein Referendariat gemacht habe. Dort vertrat man die Auffassung, Türkisch behindere die Entwicklung der Sprachkompetenz, obwohl die Fachlehrerin für Türkisch eine sehr kompetente Person war. Aus diesem Grund war Türkisch kein erwünschtes Fach. Und ich war die Lehrerin dieses unerwünschten Faches! Also war ich auch nicht besonders erwünscht. Freilich habe ich ein zweites Fach, aber wer nimmt denn eine Deutschlehrerin mit türkeistämmigem Migrationshintergrund schon ernst? Vor allem, wo es doch überall so von Deutschlehrern wimmelt!

An unserer Schule ist es anders. Nicht alle Kollegen, aber viele von ihnen interessieren sich für diese Sprache, für diese Kultur, und wenn es kein Interesse ist, dann tolerieren sie sie zumindest. Viele Menschen denken sich, was das denn sein soll, ob nicht jeder in diesem Land einfach nur Deutsch lernen müsste. Sie können wahrscheinlich gar nicht erahnen, wie befreiend es ist, in der Muttersprache auch kommunizieren zu können. Das ist, denke ich, nun auch der Grund, weshalb ich mich wohl fühle.

Das Kollegium ist sehr interessiert bzw. tolerant, aber das geschieht nicht ohne Antrieb. In diesen Dingen bist du der stärkste Antrieb, und deine Art, so großzügig zu sein, wenn es um das Entgegenbringen von Wertschätzung geht. Wenn jede hundertste Person mit Migrationshintergrund so eine Freundin hätte wie dich, hätten wir keine Probleme mehr. Danke für alles, was du tust, für alles, was du fühlst und fühlen lässt.

Deshalb: Ich schäme mich, weil ich es mir dennoch erlaube, pessimistisch zu sein.

Liebe Ulrike, ich denke über Vieles nach und komme ständig zu den gleichen Fragen: Warum kämpfen wir gegeneinander? Was ist das für ein Machtkampf? Kann man nicht einfach aufeinander zugehen? Sich gegenseitig die Hand ausstrecken und sie annehmen? Das kann doch nicht so schwer sein! Du schreibst an einer anderen Stelle, dass „zahlreiche Lehrerkollegen an unserem Berufskolleg versuchen, [ein] wertschätzende[s] Gegenüber zu sein". Eben das macht die Schulatmosphäre zu einer Größe, die ich regelrecht vermisse, bleibe ich länger fern. Es ist ein schönes Gefühl gebraucht zu werden und auch ein Fach zu unterrichten, das ein gewisses Ansehen hat. Das Fach Türkisch unterrichte ich gerne. Es wäre sehr schwierig, sich zu motivieren, wenn das Fach nicht angesehen, ja sogar unerwünscht wäre. Die unerwünschte Lehrerin eines unerwünschten Faches!

Zur Zeit macht ein Trend die Runde durch viele Schulen: Die Schülerinnen und Schüler sprechen zu viel Türkisch und lernen die deutsche Sprache nicht; also verbieten wir sie, dann sprechen sie Deutsch! Ich weiß nicht, wie so eine Logik entsteht, aber ... Seit Jahrzehnten tritt Deutschland für die Sprachfreiheit der Kurden in der Türkei ein, zu Recht, denn wie kann man denn Menschen die eigene Muttersprache und somit auch die Identität verbieten, doch jetzt fängt man an, die Muttersprache den Türken zu verbieten! Dies geschieht u. a. damit, dass man den Türkisch-Unterricht aus den Schulen verbannt. Wobei viele empirischen Untersuchungen ergeben, dass die Muttersprache sehr von Bedeutung ist, für das Erlernen einer weiteren Sprache und insbesondere für die Identitätsbildung. Das muss man uns Deutschen doch nicht erzählen! Warum erteilen wir denn allen Schülerinnen und Schülern durchgehend in allen Jahrgängen wöchentlich ca. 5 Stunden Deutsch-Unterricht? Doch nicht etwa alles für die Migrantenkinder? Die Muttersprachler müssen, wenn sie zweisprachig aufwachsen, herangeführt werden an beide Sprachen, damit sie eine gute Sprachkompetenz haben. Ansonsten endet alles in einem Kauderwelsch und die Schülerinnen und Schüler haben dann einen weiteren Punkt in ihrem Strafregister: Sie können weder Deutsch noch Türkisch! Ein Mensch mit solch einem Vorstrafenregister hat keine reale Chance auf eine Ausbildung, weder schulisch noch beruflich.

Der Grundbaustein des gegenseitigen Verständnisses ist die Wertschätzung. Alle Sprachen sind einzigartig und haben unterschiedliche Besonderheiten. Wenn man lernt, die Sprache einer Person zu schätzen, lernt man auch die Menschen dieser Sprache zu schätzen. Man lernt, sie zu verstehen. Vielleicht finden wir auch durch unsere Differenzen ein Stück näher zueinander. Goethe hatte dies, als die globale Entwicklung nicht mal so weit vorangeschritten war, sehr treffend formuliert:

„Es ist eine große Torheit, zu verlangen, dass die Menschen mit uns harmonieren sollen. Ich habe es nie getan. Ich habe einen Menschen immer nur als ein für sich bestehendes Individuum angesehen, das ich zu erforschen und das ich in seiner Eigentümlichkeit kennenzulernen trachtete, wovon ich keine weitere Sympathie verlangte. Dadurch habe ich es nun dahin gebracht, mit jedem Menschen umgehen zu können, und dadurch allein entsteht die Kenntnis mannigfaltiger Charaktere sowie die nötige Gewandtheit im Leben. Gerade bei widerstrebenden Naturen muss man sich zusammennehmen, um mit ihnen durchzukommen, und dadurch werden alle die verschiedenen Seiten in uns angeregt und zur Entwicklung und Ausbildung gebracht, so dass man bald jedem Visavis sich gewachsen fühlt."[36]

---

36 Johann Wolfgang von Goethe in seinen Gesprächen mit Eckermann (1. Teil, 2. Mai 1824), zit. in Ludwig Reiners: Sorgenfibel oder Über die Kunst durch Einsicht und Übung seiner Sorgen Meister zu werden. München 1988, p. 60

Wir müssen also, insbesondere als Lehrerinnen und Lehrer, wollen wir denn erfolgreich in unserem Tun sein, uns Grundlagen schaffen für die Arbeit mit Kindern von Familien mit Migrationshintergrund. Hierzu kann man sich ansatzweise mit der Muttersprache dieser Kinder beschäftigen. Am besten runter vom hohen Ross und weg von der hochnäsigen Bemerkung: „Huch! Ich soll Türkisch lernen? Nie und nimmer! Die sollen Deutsch lernen!" Ja, stimmt! Sollen sie ja auch! Wie sollen sie das aber tun, wenn sie ständig allein gelassen werden mit ihrem Problem, ständig Interferenzfehler zu machen und sich nicht erklären können, weshalb das jetzt falsch sein soll. Mit Interferenz bezeichnet man im Allgemeinen die Einwirkung einer Sprache auf eine andere, wie sie meist bei Bilingualen zu beobachten ist. Die Interferenz kann auch beidseitig sein und ist die Quelle vieler sprachlicher Fehler bei den Migrantenkindern. Mithilfe der kontrastiven Linguistik kann man die Sprachdifferenzen ermitteln und auf die Sprachfehler bezogen anwenden.

Mit Blick auf unsere Klientel können wir uns ein wenig mit der türkischen Sprache auseinander setzen:

Das Türkische gehört der ural-altaischen Sprachfamilie an und ist somit u. a. mit dem Finnischen, Ungarischen und dem Mongolischen verwandt. Sie ist demnach auch eine agglutinierende Sprache, d.h., sie ist durch die Ankettung von Suffixen an den Wortstamm v. a. des Verbs und des Nomens gekennzeichnet. Somit kann nur ein Wort im Türkischen einen langen Satz im Deutschen wiedergeben. Ein sehr geläufiges Beispiel, um dies zu verdeutlichen, sieht folgendermaßen aus:

Türkisch: *Almanlaştıramadıklarımızdan mısınız?*
Deutsch: *Seid ihr/Sind Sie von denen, die wir nicht zu Deutschen machen konnten?*

„Alman" bildet hier den Wortstamm, wobei der Rest des Wortes aus mehreren Suffixen besteht, die jeweils unterschiedliche grammatische Bedeutungen tragen. Die türkische Sprache basiert auf der Vokalharmonie. Die Vokale der Suffixe werden dem Vokal des Wortstammes angeglichen. Dies dient der Artikulationserleichterung. Beispiele hierzu:

ev (*Haus*) + -*ler* oder -*lar* (Pluralsuffix)
Hier entscheiden wir uns für *evler*, weil nach dem hellen Vokal *e* ein heller Vokal folgen muss.
araba (Wagen) + -*lar* = *arabalar*

Darüber hinaus sind die wichtigsten Eigenschaften der türkischen Sprache, dass es keinen Genus und keine Artikel gibt.

Wenn es im Interesse der Lehrerschaft ist, was ich ihr jetzt einfach unterstelle, dass türkische Migrantenkinder Deutsch lernen, dann sollte sie sich dieses Grundwissen aneignen. Viel anders als eine Fortbildung zur Methodik ist es nicht. Wenn bilinguale Kinder oder Schülerinnen und Schüler unsere Klientel bilden, müssen wir in der Lage sein, auf ihre Bedürfnisse einzugehen. Das Schulgesetz gibt uns den Auftrag, die Schülerinnen und Schüler da abzuholen, wo sie stehen, um sie weiter zu bringen. Wie sollen wir das schaffen, wenn wir nicht mal wissen, wo sie stehen? Wie sollen wir diese Kinder verstehen, die ohne Hilfestellung sich mit zwei Sprachen auseinander setzen müssen, wogegen wir das nicht tun wollen?

Wir betonen immer wieder die Wertschätzung, die man den Menschen entgegenbringen sollte. Das geht aber nicht nur über leere Worte! Will man etwas einfordern, muss man bereit sein, auch ein Stück zu leisten. Das ist ja wohl keine sehr große Herausforderung für uns Lehrerinnen und Lehrer des deutschen Bildungssystems, oder?

Du selbst wirst authentischer über die Erfolge berichten können, die allein durch das Erlernen von ein paar Vokabeln verzeichnet werden können. Die Schülerinnen und Schüler sind so dankbar, wenn ihnen das Gefühl gegeben wird, da ist jemand, der sich für meine Sprache interessiert.

Seit Schuljahresbeginn erteile ich im Rahmen eines Kurses zur Sprachförderung, der sich an ErzieherInnen richtet, wöchentlich zwei Stunden Türkisch-Unterricht. Schon in der zweiten Woche erzählten die ErzieherInnen von ihren Erfolgserlebnissen mit Eltern und Kindern im Kindergarten oder in ihrer Nachbarschaft. Dabei hatten sie nur zwei Sätze bis dahin gelernt. Letzte Woche wollten sie von sich aus so viele Vokabeln wissen, dass ich meinen geplanten Unterricht nicht durchführen konnte. Die ErzieherInnen wissen, dass sie durch diesen Kurs die türkische Sprache nicht sehr gut beherrschen werden. Sie wissen aber auch, dass das nicht nötig ist, denn sie beabsichtigen nicht, mit den Kindern Türkisch zu sprechen. Das ist nicht Sinn dieser Sache. Sie machen hiermit lediglich einen Schritt in die Richtung ihrer Kinder und deren Eltern. Im Gegenzug dazu werden sie, da bin ich mir sicher, mehrere Schritte in ihre Richtung verzeichnen.

NEUNTER BRIEF
Ulrike Zenk

Liebe Hatice,

und ob es meine Sache ist! Es ist gar meine Pflicht! Ich bin entrüstet, zutiefst entsetzt über solch ein menschenunwürdiges, womöglich ausländerfeindliches, in jedem Falle aber kindschädigendes Erzieherverhalten, das deinem Pessimismus leider wieder einen Grund gibt.

Das Kind ist noch Wochen später stark verängstigt, nässt wieder ein, erzählt immer wieder dieses schreckliche Ereignis, zeichnet sich selbst, wie es an der Toilette steht und seine saubere Kleidung in diese hineinstopfen muss, während die Erzieherin X. daneben darüber wacht. Auf einer Autofahrt hat A. mit der bloßen Hand die Sonnenbrille seiner Mutter zerquetscht, während es das Ereignis wieder erzählte. Das Erzieherverhalten der Erzieherin X. im Kindergarten übertrifft alle mir bekannten Vorfälle in Kindergärten – und ich bin seit fast 30 Jahren in der Erzieherausbildung tätig –, die nicht mit der „Bildungsvereinbarung des Ministeriums für Schule, Jugend und Kinder des Landes NRW 2003"[37] in Einklang zu bringen sind. Unter ‚Bildungsziele' der Tageseinrichtungen für Kinder im Elementarbereich steht dort: „Die Entwicklung von Selbstbewusstsein, Eigenständigkeit und Identität ist Grundlage jedes Bildungsprozesses" (p. 6). A.'s kindliche Entwicklung von Selbstwertgefühl ist durch eine extreme erzieherische Fehlform erheblich verletzt worden.

Ich weiß von deiner Schwester, dass diesen Kindergarten hauptsächlich Kinder mit Migrationshintergrund besuchen. Diese Eltern haben mit der Anmeldung ihres Kindes einen wichtigen Schritt in Richtung Integration getan und gerade einmal Vertrauen in einen deutschen Kindergarten gesetzt, auf das sie sich verlassen können müssen, weil hier die grundsätzliche Einstellung zu allen anderen sich anschließenden Bildungsinstitutionen geprägt wird. Wenn nun dort Erziehungsweisen beobachtet werden, die einem Kind schaden können, dann ist es die Pflicht aller, die darum wissen, diesem verstörten Kind bzw. den Eltern, die ihre Rolle in diesem Punkt nicht ausfüllen können, aus humanitären Beweggründen zu helfen. Das Jugendamt, das die Umsetzung der Bildungsvereinbarung des Ministeriums für Schule, Jugend und Kinder des Landes NRW in seinen Kindergärten staatlich zu beaufsichtigen hat, war sofort um Hilfe und aufsichtsrechtliche Schritte gebeten worden, reagierte aber erst drei Wochen nach dem Vorfall, nämlich erst nachdem die WAZ Duisburg am 02.07.2008 darüber berichtet hat, mit einem Gesprächsangebot an die Mutter, um die Angelegenheit ‚schnell zu beenden'. Bei der ersten

---

37 www.bildungsportal.nrw.de/http://www.callnrw.de/php/lettershop/download/865/download.pdf

telefonischen Alarmierung direkt nach dem Vorfall erhielt die Mutter noch die Antwort, sie habe ja ihr Kind schon vom Kindergarten abgemeldet, da könne man jetzt nichts mehr tun. Die Mutter gewann den Eindruck, dass der Jugendamtsmitarbeiter überhaupt erst ab dem Zeitpunkt Interesse an ihrer Beschwerde gezeigt hat, als sie ihm mitteilte, dass ihr der konsultierte Kinderarzt geraten habe, sich an das Jugendamt zu wenden. Bei der Recherche des Journalisten (WAZ) beim Jugendamtsleiter soll dieser gar Verständnis für die Erzieherin gezeigt haben, da sie in ,pädagogischer Absicht' gehandelt habe und bezeichnet ihre Maßnahme ,pädagogisch diskutabel'.

Ob die Erzieherin in ausländerfeindlicher Absicht gehandelt hat, bleibt dahingestellt. Aber die Wahrnehmung eines solchen erzieherischen Handelns und erst recht des zunächst untätigen Verhaltens des Jugendamtes, welches einem in einem Kindergarten schwer in Not geratenen wehrlosen 5-jährigen schutzbefohlenen Mädchen erst einmal drei Wochen lang nicht hilft, die Wahrnehmung der betroffenen türkeistämmigen Familie ist: *Behandeln die uns so, weil wir Türken sind?* Offiziell wird vehement beteuert, es handele sich nicht um Ausländerfeindlichkeit. Aber was wiegt wohl mehr?

Gerade in einem Ballungszentrum von Einwanderern brauchen wir starke Kindergärten, die ihre Integrationsaufgaben hervorragend meistern, die interkulturelle Erziehung in ihren Hauskonzepten umsetzen, die den sicheren Grundstein für einen erfolgreichen Integrationsprozess eines jeden Migrantenkindes durch gezielt vertrauensbildende Maßnahmen legen und ein Jugendamt, das die Kindertageseinrichtungen durch entsprechende Rahmenbedingungen darin unterstützt und kontrolliert, dass sie durch ihre Bildungsarbeit einen Beitrag zu mehr Chancengleichheit leisten, „unabhängig von Geschlecht, sozialer und ethnischer Herkunft und zum Ausgleich individueller und sozialer Benachteiligung."[38] Der eingeschaltete Kinderschutzbund der Stadt hat die Familie erfreulicherweise sofort und hilfreich beraten.

Die Stadt München diskutiert in diesem Zusammenhang eine ‚Zauberformel für die Kita': Wie sind die staatlichen Ressourcen neu zu verteilen, damit benachteiligte Kinder in den Kitas besser gefördert werden können? Kitas mit vielen Kindern aus Einwandererfamilien und auch anders begründetem Hilfebedarf brauchen mehr Geld für zusätzliches (und interkulturell sowie pädagogisch besonders qualifiziertes, Anm. d. Verf.) Erzieherpersonal, um Bildungsgerechtigkeit zu erlangen, so Christine Strobl, die zweite Münchner Bürgermeisterin.[39]

Du beschreibst die Bedeutung deiner erlebten Wertschätzung während der letzten beiden Jahre für deine biographische Integration. Ich bin sehr froh, dass wenigstens in deinem persönlichen Falle – wenngleich sehr spät, nämlich erst als Lehrerin – Schule zu einem Ort der Integration geworden ist! Ansonsten sehe ich eine große Diskrepanz zwischen a) den überzeugenden und propagierten Argumenten für die schulische Aufgabe der Integration und b) der empirischen schulischen Realität der Wahrnehmung dieser Aufgabe, und das trotz (!) der schulgesetzlichen Verankerung des übergeordneten Integrationsauftrags: „Die Schule fördert die Integration von SchülerInnen, deren Muttersprache nicht Deutsch ist durch Angebote zum Erwerb der deutschen Sprache. Dabei achtet und fördert sie die ethnische, kulturelle und sprachliche Identität (Muttersprache) dieser SchülerInnen."[40]

---

38 Bildungsvereinbarung des Ministeriums für Schule, Jugend und Kinder des Landes NRW, 2003, www.bildungsportal.nrw.de, p. 6
39 Vgl. Frühkindliche Bildung. Zauberformel für die Kita. 8.07.2008. http://www.sueddeutsche.de/jobkarriere/berufstudium/artikel/190/184611/print.html
40 Schulgesetz für das Land NRW, Gesetz- und Verordnungsblatt v. 15.2.2005, 1. Teil Allg. Grundlagen, 1. Abschnitt § 4 (9)

Das HANDELSBLATT vom 10.06.2008 setzt sich unter dem Titel „Radikal gegen die Wand" radikal mit diesem Missstand auseinander: „Bei den 21-25-jährigen Türkischstämmigen sind 40 Prozent weder Schüler noch Student, Erwerbstätiger oder Zivildienstleistender. Bei den gleichaltrigen Deutschen sind es nur 11 Prozent (Werte für Bayern 2005). (...) Mit wirtschaftlicher Vernunft hat dies wenig zu tun. (...) Jugendliche ohne Hauptschulabschluss werden mit ihren, wenn überhaupt, geringen Steuern nicht die staatlichen Leistungen finanzieren können, die sie empfangen. (...) Schlechte Schulergebnisse wurden hingenommen wie ein Naturgesetz, (...) So entsteht der Nährboden für einen neu erworbenen Fundamentalismus. (...) Die Kultur der Einwanderer wird – meist wohl unbeabsichtigt – nicht anerkannt. (...) Die politische Debatte (auch die der Pädagogen, Anm. d. Verf.), die sich auf banale Forderungen wie ‚Lernt Deutsch' konzentriert, nimmt die Einwanderer letzten Endes nicht ernst" (p. 9) und resümiert: „Die deutsche Schule als Staatsbetrieb mit bürokratischen inneren Strukturen und Lehrerbeamten auf Lebenszeit ist als Integrationsinstitution so geeignet wie ein Schulrat als Perfomancekünstler" (ebd.). Vielleicht würde uns ‚Performance'[41] helfen, die deutsche Schule integrationsgeeigneter zu machen?!

Für uns Lehrer und auch für die Schüler sehe ich keine rationale Lösung. Vergleiche ich meine Unterrichtsergebnisse im Fach ‚Interkulturelle Erziehung' nach zwei Jahren und zwei Wochenstunden mit einem 8-tägigen Türkeiprojekt, so erzeugt letzteres einen eindeutig überlegeneren Einstellungswandel. Es ist nicht schwer, mit Schülern und Lehrerkollegen einen rationalen Diskurs zu führen und einen

---

41 Im Mittelpunkt dieser Kunst stehen Aktionen, Bewegungen und Prozesse.

Konsens bzgl. Menschenwürde, Gleichheit der Menschen und Toleranz zu erzielen. Zeitgleich platzt jedoch während der gerade laufenden Fußball-EM Viertel- und Halbfinalspiele in Schulstunden unverhohlene Türkenfeindlichkeit heraus: *„Bloß nicht die Türken!"* Oder das fast spaßig, auch ohne aggressive Absicht von Schulkameraden wie selbstverständlich verwendete *„Du scheiß Türke schon wieder?"* Dabei reicht auch *Türke* ohne Zusatz. Die eindeutige Betonung und Mimik geben der Bezeichnung *Türke* eine eingedeutscht seltsam geringschätzige Bedeutung.

Die Lösung sehe ich auf emotionalem Gebiet. Unser diesjähriges Türkeiprojekt nach Zentralanatolien/Kappadokien verfolgte Ziele, die sonst eher der Erlebnispädagogik zuzuordnen sind: Sich und andere und eine Umwelt mit allen Sinnen wahrnehmen, sich kennen lernen und vertraut machen, sich auseinander setzen und verständigen, Abenteuerliches meistern, Aufeinander-Angewiesen-Sein erfahren, Erfolg und Scheitern und Grenzen kennen lernen, Ängste überwinden, Konfliktfähigkeit verbessern, Initiative entwickeln und Verantwortung übernehmen, Selbstwert- und Gruppengefühl stärken.[42] Das Besondere dieses Türkei-Projekts lag darin, dass es Erzieherschülerinnen gemeinsam mit den türkeistämmigen Mädchen der Integrationsklasse durchführten. Das ‚Projekt im Projekt' sollte die interkulturellen Kompetenzen aller Beteiligten im intensiven alltäglichen Miteinander erweitern.

Wir reisten von Antalya über die karstigen Landschaften des Taurusgebirges (bis zu 3700 m.) nach Kappadokien (eine Rundreise von ca. 1600 km.). Unterwegs ‚begegneten' wir der islamischen Mystik

---

42 Vgl. Heiner Keupp, Vortrag bei der 5. bundesweiten Fachtagung zur Erlebnispädagogik am 22.09.2003 in Magdeburg. http://www.ipp-muenchen.de/texte/Identitaetskonstruktion.pdf

von Mevlana Dschalal ad-Din Rumi (1207-1273), dem Begründer des Mevlevi- oder Sufi-Ordens im Museum und Wallfahrtsort frommer Muslime und Anhänger des Sufismus in Konya. Die Projektteilnehmer waren sehr berührt und bewunderten Mevlanas Leben, durch tägliche Meditation Gott so nahe wie möglich zu kommen, mit ihm eins zu werden und seine eigenen Bedürfnisse zurückzulassen. Seine Aussage „Ich habe Gott in der Moschee gesucht und nicht gefunden, ich habe Gott in der Kirche gesucht und nicht gefunden, ich habe Gott in meinem Herzen gesucht und dort habe ich ihn gefunden!" hat Spuren in uns hinterlassen.

Reise durch Kappadokien

Museum mit Mausoleum von Mevlana in Konya

o.: Das Rote Tal
u.: Farbenprächtige Fresken
in den Höhlenkirchen des Frei-
lichtmuseums Göreme

Bizarre, einzigartige durch
Erosion entstandene Gesteins-
blöcke mit zahlreichen Tau-
benhäusern

In Kappadokien wanderten wir durch ein gigantisches, in unterschiedlichen Farbtönen schimmerndes Felsgebiet mit Schluchten und
Höhlen und fantasievollen Felsformationen infolge der Ausbrüche
der Vulkane Erciyes Dağı und Hasan Dağı vor drei Millionen Jahren
und erkundeten die aus dem porösen Tuff heraus gehauenen Höhlenkirchen in Göreme sowie die unterirdische Stadt Derinkuyu. Bis 1071
war Kappadokien eines der wichtigsten frühchristlichen Zentren.

Im Dorf Soğanlı   o.: Markt in Ürgüp
                                        u.: Im Dorf Soğanlı

Wir suchten unterschiedliche Orte auf im öffentlichen Leben, Stadtzentren, Dörfer, Märkte, Handwerksbetriebe, Teestuben, ein Hamam, eine Kulturveranstaltung, lernten Menschen der Region kennen und begleiteten sie ein Stück. Eine Schülerin schreibt später in der Projektauswertung:

„Kappadokien bietet einen optimalen Nährboden für das ganzheitliche Lernen. Vom ersten Augenblick an, ob bewusst oder nicht, ob man will oder nicht, ist man mitten drin. Das Wahrnehmen, Begreifen und Verstehen dieser Kultur wird im Erleben erfahren, deshalb kann ich meine Faszination kaum in Worte fassen" (Karolin K., 26 J.).

Auf der Seidenstraße kehrten wir in Aksaray in der Kervansaray ein. Danach besuchten wir die wegen ihrer Beschaffenheit aus Zedernholz bekannte Eşrefoğlu-Moschee in Beyşehir. Zurück in Antalya hospitierten wir in Kindergärten und boten Spielaktionen an. Der Höhepunkt war eine Diskussion mit der Leitern des Özel Minikler Koleji über Kindergartenkonzepte, Erziehungsziele und pädagogische Handlungsweisen. Hier erlebten wir ein herausragendes Beispiel für den kulturellen, sozialen und gesellschaftlichen Veränderungsprozess in der Türkei. Die Kindergartenleiterin wurde schnell zum Idol vieler türkeistämmiger Schülerinnen.

Im Kindergarten Özel Minikler Koleji in Antalya

Türkische Riviera in Antalya

Ein Fazit, stellvertretend für viele andere der Projektteilnehmer, lautet: „Ich hatte Vorurteile gegenüber einer Kultur, die ich selber kaum kannte. Also ging ich mit auf eine Reise, die etwas in mir drastisch veränderte. Die türkische Kultur wollte ich erforschen. Es reicht aber nicht nur eine Kultur zu erforschen, man muss all seine Sinne und sein Herz einsetzen, um sie zu verstehen. Eine neue Kultur habe ich nur mit Hilfe meiner Sinne und neuer Freundinnen entdeckt. Man muss eine lange Reise machen, um sie zu begreifen, nicht nur die Freundschaft, auch die Kultur" (Stephanie L., 21 J.).

Die Lösung sehe ich tatsächlich auf emotionalem Gebiet, indem während solch einer Projektfahrt eine Art ‚Gegenkonditionierug' passiert. In der Psychologie versteht man darunter, dass nicht erwünschte emotionale Reaktionen und Verhaltensweisen abgebaut werden, „indem Personen, Objekte oder Situationen, die diese unangenehme bzw. nicht erwünschte Reaktion auslösen, mit einem Reiz verbunden werden, dessen Reaktion mit der unangenehmen bzw. unerwünschten emotionalen Verhaltensweise *unvereinbar* ist"[43], d.h. ‚Türken, türkische Sprache und Kultur', die vorher (latent) aversive Reaktionen auslösten, wurden nun mit entgegengesetzten Reizen, mit Orten, Situationen, Erlebnissen, Landschaften, Menschen gepaart, die Faszination, Entspannung, Wohlbefinden, Freundschaft, positive Stimmung hervorrufen. Der gleiche Prozess der Einstellungsänderung konnte auch bei den Integrationsmädels beobachtet werden: Sie erlebten nicht-türkeistämmige Erzieherschülerinnen und Lehrerinnen, die sich für ‚ihre' türkische Kultur interessierten und ihrer Bewunderung Ausdruck verliehen und sich in ‚ihrem' Land wohl fühlten und gerne ihre Verständigungshilfe in Anspruch nahmen und die herzliche Ge-

---

43 Pädagogik/Psychologie, hg. v. Hermann Hobmair, Troisdorf 2005, p. 164

meinschaft mit ihnen liebten. Darüber staunten sie und freuten sie sich sehr! Sie fühlten sich anerkannt und bedeutsam. Es ist zu hoffen, dass sich dadurch ihre Gefühle von Angst, Misstrauen und Ablehnung Deutschen und Deutschland gegenüber verringern.

Natürlich können wir nicht allen Schülern ein Türkeiprojekt bieten, aber der erlebnispädagogische Ansatz kann auch in viel weniger aufwändigen Projekten in der Schule (z.B. in Gestalt von Abenteuer- und Erlebnissport- oder Theaterprojekten in Kooperation mit den Erzieherfachschülern) und in der Region umgesetzt werden.

In der positiven und neugierigen Haltung der aufnehmenden Gesellschaft wie der Migranten zueinander sehe ich die *conditio sine qua non* des gesamten Integrationsprozesses!

ZEHNTER BRIEF
Hatice Gündoğdu

Liebe Ulrike,

ich danke dir sehr, dass du mich in der Türkei besuchtest. Es war zwar eine kurze Zeit, aber für mich hat es sich sehr gelohnt. Du bist mit jedem Moment eine Bereicherung für mich. Du warst auch in der kurzen Zeit eine spürbare Bereicherung für unsere beiden Gastgeberinnen. Deine Begeisterung und dein Interesse für verschiedene Dinge, deine Ausgeglichenheit, Freundlichkeit, dein fortwährend lachendes Gesicht, deine Kommunikation und dein Eifer, Türkisch zu lernen, haben hier schon bleibende Spuren hinterlassen. Es gab keinen Tag, nachdem du weg warst, an dem wir nicht über dich gesprochen haben. Ich habe das schon an früherer Stelle geschrieben: Du hast nun mal eine positive Aura! Es ist deshalb auch nicht verwunderlich, dass unsere Freundschaft sich so schnell aufgebaut hat. Du gibst Menschen sehr viel. Unbewusst zwar auch, aber es kommt nicht selten vor, dass du haufenweise Arbeit auf dich nimmst, um einfach zu helfen. Du hast meine Schwester und ihre Familie so sehr unterstützt in dieser Kindergarten-Angelegenheit, dass weder ich noch sonst jemand aus der Familie weiß, wie wir uns bedanken sollen.[44] Ich bin unmittelbar nach diesem Ereignis in die Türkei geflogen. Ich musste ja Urlaub machen! Du hast dich der Sache angenommen, ohne Aufforderung oder eine Bitte darum. Meine Schwester hätte mit Sicherheit es nicht bis über das Jugendamt hinausbringen können, welches ihr ja sowieso mitteilte, dass man nichts machen könnte. So werden wohl viele hilflose Mütter und Väter weggeschickt. Ich habe natürlich ein schlechtes Gewissen bei der ganzen Sache, weil ich meine Familie und dich im Stich gelassen habe. Ich hatte ja schon Monate vorher gebucht! Zu Recht sagst du mir am Telefon, ich würde viel verpassen. Fast sogar vorwurfsvoll. Zumindest wollte ich das in dem Moment so verstehen. Untätig da zu sitzen und nichts zu machen war kein gutes Gefühl. Dein von mir herausgehörter Vorwurf gab mir das Gefühl gebraucht zu werden. Das ist natürlich eine Einbildung! Wozu solltet ihr mich brauchen? Aber ich wollte zumindest das Gefühl haben!

Der Urlaub, den ich hatte, da danke ich meiner Gastgeberin sehr, war vom äußeren Rahmen her sehr schön. Bis auf die abwechslungsreiche und gefüllte Zeit während deines Besuchs war es aber nicht sehr angenehm. Ich habe den Fehler gemacht, in den ‚Urlaub' zu fliegen, dabei wollte ich nicht auch die Gastgeberin mit meinen Sorgen belasten. Es ist sehr schwierig, das Innere sich nicht anmerken zu lassen. Ich bin in letzter Zeit eh sehr sentimental geworden. Damit kommen wir wieder zur Emotionalität und Familie in der türkischen Gesellschaft. Ich werde versuchen, das über meine eigene Emotionalität deutlich zu

---

44 A. besucht inzwischen eine andere städtische Kindertageseinrichtung. Ihre neue, sehr warmherzige Erzieherin hat es geschafft, ihr Vertrauen zu gewinnen. Diese Erzieherin gibt täglich vielseitige Impulse für das spielerische Erleben und Begreifen und hilft A. dabei, belastende Kindergartenerlebnisse aus der Vergangenheit zu verarbeiten.

machen. Wenn ich z.B. mir Nachrichten[45] anschaue, das ganze Elend auf der Welt sehe, überfällt mich eine sehr tiefe Traurigkeit. Ich fühle mich sofort ein, spüre förmlich ein amputiertes Bein, und dann finde ich sehr schwer wieder aus dieser Lage raus. So ähnlich ist es, wenn Menschen in meiner näheren Umgebung oder aus meiner Familie krank werden. Der Arzt hätte kurz vor den Ferien Hepatitis B und C bei meiner Mutter festgestellt und einen Verdacht auf Leberzirrhose geäußert. Ich erfahre so etwas nur in dringlichen Fällen, damit ich mir ja keine Sorgen mache. Das könnte auch im schlimmsten Fall so aussehen, dass da jemand sterbenskrank ist, aber meine liebe Familie mir bis zu seinem Tod nichts mitteilt und plötzlich: Überraschung! Ich verstehe sie ja auch, ich würde mich nicht anders verhalten. Sie wollen mir nichts sagen, auch aus dem Grund, damit ich unterwegs nach Hause – egal in welche Richtung – keinen Unfall baue. Ich erinnere mich auch tatsächlich ungern an meine Rückfahrt an dem Tag, als ich es erfahren habe. Ich konnte nicht mehr richtig denken. So bin ich in den Urlaub geflogen, ohne richtig zu registrieren, was ich da tue. Und doch wusste ich im Prinzip, dass ich ohnehin keinen Urlaub genießen können werde. Manchmal wünschte ich, dass das Denken ausschaltbar wäre. Nach deinem Besuch habe ich meine jüngere Schwester angesimst, um zu erfahren, was das Krankenhaus sagt, denn die Ergebnisse der Untersuchungen sollten zu dem Zeitpunkt erst vorliegen. Ihre Antwort war: Wenn du hier bist, können wir darüber sprechen. Ich bin ausgeflippt. Was mir für Möglichkeiten durch den Kopf gingen! Ich bitte sie erneut um eine klare Antwort. Sie schreibt, meine Mutter hätte Leberkrebs. Das war ein harter Schlag. Ich meine, eine Leber-

---

45 Gemeint sind überwiegend türkische Nachrichten, die ca. 1 Stunde dauern und mit actionreichen Hollywood-Dramenfilmen vergleichbar sind.

zirrhose ist auch nicht unkompliziert und ebenfalls lebensbedrohlich, aber meine Konnotation mit Krebs geht über alles hinaus. Mein Vater ist an Krebs gestorben. Ich war kein kleines Kind, ich war zu der Zeit schon Studentin, aber es war das erste Mal, dass ich einen Vater verlor. Ich habe ihn fast durchgehend während seiner Krankheit begleitet zu seinen Untersuchungen. Zuletzt hatte ich nicht mal den Mut, ihn am Sterbebett um Vergebung für meine kindlichen bösen Taten zu bitten. Ich hatte Angst, er könnte sagen, dass er mir nicht vergibt. Ich hatte Angst, mit solch einer Antwort zu leben. Heute weiß ich nicht, was er gesagt hätte. Es belastet mich, damit zu leben. Ich habe nicht gewusst, wie wichtig das sein kann. Ich denke, heute würde ich ebenfalls nicht den Mut dazu finden. Das, denke ich, ist eine typische Form der türkischen Emotionalität: Sich in etwas hineinsteigern, sich mehrere Lebensverläufe ausmalen und nach Möglichkeit die dramatischste aussuchen, um dann darunter zu leiden!

Als ich das Wort Leberkrebs las, habe ich meine ältere Schwester angesimst. Ich habe sie direkt gefragt, was es mit dem Leberkrebs auf sich hat. Sie hat versucht, mich zu beruhigen und rief mich sogar mit meiner Mutter zusammen an. Beide bemüht, ein möglichst fröhliches Telefonat zu führen, weshalb ich zunächst gezwungen war, mich zusammenzureißen und das Spiel mitzuspielen. Nach kurzer Zeit brach meine Mutter in Tränen aus, schon deshalb, weil sie mich vermisst hatte. Ich kann meinen Gefühlszustand nicht beschreiben. Meine Mutter, in dem Glauben Leberkrebs und Hepatitis C zu haben, versucht mich zu trösten, versucht fröhlich zu sein, damit ich mir keine Sorgen mache in meinem Urlaub. Ich habe mich wie ein Stück Elend gefühlt. Ich glaube, das ist Emotionalität und Familie. Wenn beides zusammen kommt: Falsche Rücksichtnahme auf den Anderen und deswegen vielfach quälender als die Wahrheit. Was die Wahrheit ist? Meine beiden Schwestern sind natürlich auch sehr betroffen von der neuen Situation und auch noch dem Verlust des Vaters. Der Arzt in der Klinik habe wahrscheinlich versucht – ich versuche das für mich zu rekonstruieren, um das Missverständnis zu verstehen, ihnen vergleichend mit Leberkrebs und der Chemo-Therapie die Leberzirrhose und die Therapiemöglichkeit zu erklären, und meine Schwestern haben sich wahrscheinlich bei der ganzen Emotionalität nur diese beiden schwerwiegenden Begriffe eingeprägt. Nachdem ich aus dem Urlaub kam, bin ich mit meiner Schwester zum Hausarzt meiner Mutter, der uns den Arztbericht erneut mitteilte. Von Leberkrebs kein Wort! Emotionalität verursacht Denkblockaden! Ein türkisches Sprichwort sagt: Acıklı başta akıl olmaz!

Der Urlaub versetzt mich auch aus anderen Gründen in eine traurige Stimmung. Vor allem nach der Rückkehr! Es ist natürlich auch der Umstand, sich auf das normale Leben umzustellen, oder auch das Gefühl, viele geliebte Dinge an Ort und Stelle zurückzulassen, um dann erfüllt zu sein mit Sehnsucht. Sehnsucht ... Kann man wissen, was das ist, wenn man nicht in der Fremde ist? Ich habe oft den Eindruck, dass man ohne ein Fremdheitsgefühl nicht mal annähernd erfühlen kann, was Migranten und insbesondere Migrantenkinder mit Sehnsucht meinen. Die meisten meinen ja auch nichts bezüglich ihrer Sehnsucht, sondern erfühlen sie. Sie wird meist in Form von Unzufriedenheit ausgedrückt. Man ist dann hoffnungslos deprimiert, wenn der Grund der Unzufriedenheit nicht bekannt ist. Ich unterstelle Menschen, die in ihren Herkunftsländern aufwachsen, dass sie solch ein Fremdheitsgefühl nicht kennen und nie verstehen werden, welche Auswirkungen es auf die Lebensqualität der Menschen haben kann. Ich denke, dass dieses Fremdheitsgefühl ein großes Hindernis ist, wenn es um das Einleben in dieser Gesellschaft geht, denn, wie schon erwähnt, verursacht dieses Gefühl eine Unzufriedenheit. Man darf das Ganze keineswegs mit einem touristischen Leben vergleichen. Das

Fremdheitsgefühl, wovon ich spreche, entsteht nicht in einer vorübergehenden, selbstorganisierten Umgebung, sondern in einer festen und dauerhaften Community. Ich nehme mich als Beispiel, um dies zu erläutern. Im Großen und Ganzen fühle ich mich mittlerweile sehr wohl in beiden Gesellschaften, also der türkischen und der deutschen Gesellschaft. Hin und wieder gibt es aber weiterhin Situationen, die daran erinnern, dass man doch nicht richtig zu einer dieser Gesellschaften gehört. Manchmal ist das nicht mal schlecht! Ab und zu hat man doch einen Vorteil, wenn man in Deutschland z.B. als Türkin angesehen wird, denn dann heißt es: Ja, ihr Türken nehmt das nicht so genau, deshalb hast du das wahrscheinlich vergessen oder falsch gemacht! Das stimmt dann zwar nicht, denn man nimmt es schon auch als Türkin genau, macht aber nun mal einen Fehler oder vergisst dies und jenes, was ja eine menschliche Eigenschaft ist, aber man hat dann eine Entschuldigung, auf die man nicht mal selbst kommen muss. Doch so kann es nicht in jeder Angelegenheit sein. Auch wir haben das Bedürfnis, volles Mitglied der Gesellschaft zu sein. So haben wir aber auch viele Negativbeispiele, die wie folgt eingeleitet werden: Typisch Türke/Türkin, ...; typisch Deutschländer/Deutschländerin, ... In meinem letzten Türkeiurlaub habe ich mich in der Hinsicht sehr unwohl gefühlt. Ein Beispiel zur Verdeutlichung: Wir hatten im Ferienhaus meiner Freundin Besuch von ihren Bekannten. Die Bekannten haben zunächst gedacht, ich würde in der Türkei wohnen. Sie machten mir Komplimente, ich würde mich doch sehr gut im Land auskennen und hätte eine sehr gute Sprachkompetenz, sodass sie gar nicht mal auf die Idee kamen, ich könnte außerhalb der Türkei leben. Dann aber in einer späteren Diskussion, in der es um ein aktuelles politisches Thema in der Türkei ging, hat das Ganze eine ganz andere Wendung bekommen. Meine Freundin und ich haben versucht, unsere Meinung zu diesem Thema mit Argumenten zu unterlegen, die sehr logisch sind und mehr oder weniger nicht widerlegt werden können. Unsere türkeitürkischen Gäste haben unsere Argumentation taktisch zunichte gemacht, indem sie sagten, wir wären ja sowieso Deutschländerinnen, die von der deutschen Perspektive beeinträchtigt wären. Fazit: Solange wir uns nicht widersprochen haben, war alles in Ordnung; sobald eine Meinungsverschiedenheit zum Vorschein kommt, sind wir Deutschländer im Gegensatz zu den Türkeitürken die Minderwertigen. Das passiert in ähnlicher Form auch in Deutschland: Solange wir uns nicht widersprechen, ist alles in Ordnung; sobald eine Meinungsverschiedenheit zum Vorschein kommt, sind wir Türken im Gegensatz zu den Deutschen die Minderwertigen. Wann werden wir wir selbst sein können? Das, was hier jetzt vorliegt, ist eigentlich nichts Ungewöhnliches. Die ganze Sache wird aber dadurch noch tragischer gemacht, weil dieses Fremdheitsgefühl verstärkt wird und die Fremdheit dann für den Fremden der Grund dieses Verständnisses ist, wobei der Fremde sein Fremdsein nicht bestimmt und auch nicht ändern kann. Die einzige Hoffnung bestand womöglich in der ‚Rückkehr‘ zur ‚Herkunftsgesellschaft‘, wobei man jetzt allmählich erkennt – wenn man es sich eingesteht –, dass es da nichts mehr zu hoffen gibt.

Ich habe nie etwas von dem Bild ‚zwischen den Stühlen sitzen‘ gehalten, denn der Gedanke kam mir immer pessimistisch vor. Mein Wunsch war es – insbesondere als ich mir fest vorgenommen hatte, Lehrerin zu werden –, auf beiden Stühlen zu sitzen. Ich bewege mich in die Richtung. Manchmal ertappe ich mich aber auch bei dem Gedanken, dass ich nicht mal diese berühmten Stühle habe, um zwischen ihnen zu sitzen. Manchmal ertappe ich mich bei dem Gedanken, irgendwo in der Luft zu hängen, zwischen Sein und Nicht-Sein.

ELFTER BRIEF
Ulrike Zenk

Liebe Hatice,

es tut mir sehr leid, dass deine Mutter schwer erkrankt ist und ich wünsche ihr, dir und deiner Familie, dass die Therapie erfolgreich verlaufen wird!

Während ich deinen Brief gelesen habe, habe ich mich natürlich gefragt, wie wir in unserer Familie mit einer ähnlich schwerwiegenden Nachricht umgehen. Wahrscheinlich nicht wesentlich anders. Auch wir neigen dazu, in der ersten Schockreaktion das Thema anderen gegenüber zu tabuisieren, um Zeit zu gewinnen, selbst emotional damit fertig zu werden, und weil das so schwer ist, wollen wir andere nicht auch sofort damit belasten.

In Bezug auf das Thema ‚Freundschaft' spüre ich jedoch eine kulturelle Differenz. Es liegt natürlich an unseren Wesenseigenschaften, warum wir Menschen uns anziehen und im Falle von ‚Freundschaften' sogar gegenseitig. Freundschaft ist vor allem ein Prozess des Gebens und Nehmens. Ich erlebe in der Freundschaft zu dir eine für mich völlig ungewohnte Haltung des Gebens. Sehr vertraut sind mir hingegen

Sätze wie „Bei aller Freundschaft ...", „Er/Sie nutzt deine Freundschaft bloß aus!", „Das kann man von einem Freund nicht verlangen!". Auch der positive Satz „Freunde sind doch dazu da!" impliziert eine bestimmte Grenzziehung bzw. weist auf eine außergewöhnliche Hilfsbereitschaft hin. Deine Bereitschaft ‚zu geben' ist dauerhaft konstant außergewöhnlich. Du erfühlst schon die Notwendigkeit bzw. Möglichkeit, etwas Hilfreiches tun zu können und tust es, noch bevor ich überlege, ob ich dich überhaupt darum bitten könnte. Deine Großzügigkeit, insbesondere ‚Arbeit' und ‚Zeit' mir zu schenken, gibt meiner Freundschaft zu dir eine ganz einzigartige Qualität von menschlicher Nähe und von menschlichem Glücksgefühl.

Ich habe auch an anderen Stellen dieses türkisch geprägte Freundschaftsgefühl erfahren dürfen. Deine Freundin, die ich nur flüchtig gekannt hatte, hat mich im Sommer zu euch in ihr Haus an der Ägäis eingeladen. Ich war sozusagen Gast des Gastes und dennoch habe ich mich gefühlt wie ein Ehrengast, dem jeder Tag durch köstliche Speisen und zahlreiche Aufmerksamkeiten zu einem erholsamen Urlaubstag werden sollte. Sogar zur Rückreise war mein Koffer gefüllt mit *semiz otu*, einer Gemüsesorte, die es bei uns nicht gibt, den Zutaten für die Süßspeise *helva*, damit ich sie in Deutschland nicht lange entbehren müsse, sowie meinen geliebten sonnen- und am Baum gereiften Pfirsichen als Verpflegung auf der Reise. Die Großmutter verabschiedete sich herzlich von mir und schüttete eine Schüssel Wasser hinter mir her. Ich war erst etwas überrascht, aber du hast es mir erklärt: Alles möge fließen und wieder zurück kommen, meine Wege sollen leicht und unbeschwert sein!

Während der Projektfahrt in Istanbul erlangen wir immer intensive Unterstützung unseres türkischen Lehrerkollegen Kenan. Auch seine Hilfe übersteigt alle Erwartungen, die man gegenüber Kollegen hegt und enden darin, dass er am Ende aller Tage einen Bus mietet, unsere gesamte Projektgruppe auf den asiatischen Teil Istanbuls entführt und uns dort allesamt – trotz vehementer Proteste – in einen herrlichen Grillpark einlädt.

Als drittes und letztes Beispiel für dieses Erleben möchte ich auf die Ankunft unserer Projektgruppe am Flughafen in Antalya zurückkommen. Çağlas Koffer ist verschwunden und sie wird ihn für die komplette Rundreise nach Kappadokien nicht mehr bekommen. Sie hat sich an jenem Tag geärgert. An allen folgenden Tagen war es kein Drama, nicht einmal Thema! Sie wurde von ihren Freundinnen bestens versorgt und ‚angezogen'.

Deine Frage „Wann werden wir wir selbst sein können?" verstehe ich im Sinne von „Wann werden wir türkeistämmigen Migranten unser berechtigtes Ansehen und eine Gleichberechtigung gegenüber anderen Menschen und Gruppen in Deutschland erlangen können?" Ich lese in DIE ZEIT vom 21.8.2008[46], dass Deutschland die Schulbehörde im kanadischen Toronto wegen ‚weltmeisterlicher Integrationsarbeit' mit dem Carl-Bertelsmann Preis auszeichnet. Anlass für diese Auszeichnung ist, dass Kanadas Schulen zu den besten der Welt gehören, das klassische Einwanderungsland also in der Pisa-Rangliste stets einen Spitzenplatz einnimmt, obgleich Minderheiten in einigen Regionen eine Mehrheit darstellen! Die beispielartig erwähnte Firgrove Public School liegt in einem Armenviertel Torontos, hat eine Migrantenquote von 100 % und eine Schülerschaft aus 27 Nationen. Es gibt nur geringe Leistungsunterschiede zwischen einheimischen

---

46 Martin Spiewak: Weltmeister der Integration. Die Schulbehörde im kanadischen Toronto sorgt vorbildlich für Chancengleichheit und erhält dafür nun eine Auszeichnung aus Deutschland. In: DIE ZEIT Nr. 35, 21.8.2008, p. 33

und Zuwandererkindern[47], die Lehrer und Schulleiter stammen großenteils ebenfalls aus Einwandererfamilien (afrikanischen, asiatischen oder lateinamerikanischen, die speziell angeworben werden, um ,gute Vorbilder' zu gewinnen), Eltern sind aktiv im alltäglichen Schulbetrieb, in der Bibliothek finden die Kinder Literatur in ihrer Muttersprache, der Nachmittagsunterricht findet in 8 Muttersprachen (etwa Chinesisch, Spanisch oder Khmer) statt, Kinder mit Leseschwierigkeiten und schwachen Englisch-Kenntnissen erhalten spezielle Einzelförderung bis zu einem halben Jahr täglich eine Dreiviertelstunde, Schule ist Anlaufstelle für Eltern mit Problemen und bietet ,Integrationslotsen' und ein ,Elternzentrum', es gilt die Regelung, wer in Klasse 7 und 10 ein Mindestniveau in Englisch und Mathe nicht erreicht, erhält einen Lehrer als Tutor an seine Seite. Kanada hat es offensichtlich geschafft, dass kulturelle Vielfalt nicht mehr Problem, sondern eine Bereicherung *„We celebrate diversity!"* und gar eine Ressource ist, die das Land nutzt. Ich frage mich nur, warum Deutschland in Kanada dafür eine Auszeichnung vergibt, die Ideen für den Weg zur Chancengleichheit also kennt und gut findet, aber selbst nicht dieses Modell implementiert!?! Kanada investiert jährlich pro Schüler rund 1000 Dollar mehr als Deutschland und verteilt das Geld anders: „Schulen in ärmeren Quartieren und mit hohem Migrantenanteil erhalten nach einem ausgeklügelten Schlüssel höhere Mittel gemäß der Devise: für

---

47 Im Vergleich dazu fallen in Deutschland die Mathematik- und Leseleistungen der Schüler mit Migrationshintergrund der zweiten Generation sogar noch hinter die der ersten zurück (vgl. Punkte der OECD-Wertung Pisa 2006, zit. in DER SPIEGEL 40/2008, p. 52), weshalb die türkische Mittelschicht in Regionen mit großer türkeistämmiger Population nun Privatschulen initiiert.

die Schwächsten das Beste."[48] Ich befürchte, dass bei uns in Deutschland immer noch ein überkommenes, bequemes oder gar falsches Verständnis von Integration überwiegt, sei es im Sinne von Integration als *Assimilation* (einseitige Anpassung) oder Integration im Sinne eines *Zustandes*, auf den wir warten können, in der Hoffnung, dass *er sich mit der Zeit irgendwie ergeben werde* oder Integration im Sinne eines *Redens über Integration* (insbesondere von Politikern, um sich darüber zu profilieren?) oder Integration im Sinne von einem *Tun, das wir schon immer getan haben*, nur eben mit *Migranten*.

„Kanada hat Vorbildcharakter!" Aber doch auch für uns! *Integration ist eine allseits bereichernde, aufwändige pädagogische Arbeit* kraft neu gewonnener Einsichten und Haltungen und mit Hilfe geeigneter didaktischer Ansätze zu dem Zweck, die Bildungspotenziale aller Kinder und Jugendlichen zu nutzen, um die Lebensumstände für uns alle zu verbessern. In professionelle, qualifizierte pädagogische Arbeit vor Ort, in den Kindergärten, Schulen, der Jugendarbeit ist zu investieren. Das Konzept der ‚ehrenamtlichen Helfer‘, die in unserer Region sogar das Zertifikat ‚Interkultureller Konfliktmanager‘ erwerben können, ist sicherlich eine nützliche, jedoch nur eine ‚flankierende Maßnahme‘ und kann professionelle Bildungsarbeit nicht ersetzen!

Die Antwort „Geld haben wir aber nicht" kann ich nicht akzeptieren. Denn wir haben ja offensichtlich sehr, sehr viel Geld, wenn es um die ‚Behandlung‘ der ‚Kollateralschäden‘[49] versäumter Integrationsarbeit geht, infolge von gesundheitlichen psychischen und körperlichen Problemen und Krankheiten, der Bedrohung von Arbeitslosigkeit

---

48 Martin Spiewak: Weltmeister der Integration. Die Schulbehörde im kanadischen Toronto sorgt vorbildlich für Chancengleichheit und erhält dafür nun eine Auszeichnung aus Deutschland. In: DIE ZEIT Nr. 35, 21.8.2008, p. 33.
49 Nicht beabsichtigte, aber in Kauf genommene Begleitschäden

und tatsächlicher Arbeitslosigkeit, Berufsunfähigkeit, sozialer Verwahrlosung und Kriminalität.

Die Bundeszentrale für gesundheitliche Aufklärung gab eine Expertise zum salutogenetischen Ansatz von Aaron Antonovsky in Auftrag. Nach Meinung Antonovskys steht Gesundheit des menschlichen Organismus in kausalem Zusammenhang zum sogen. Kohärenzgefühl, „eine(r) globale(n) Orientierung, die das Ausmaß ausdrückt, in dem jemand ein durchdringendes, überdauerndes und dennoch dynamisches Gefühl des Vertrauens hat, dass erstens die Anforderungen aus der inneren oder äußeren Erfahrenswelt im Verlauf des Lebens strukturiert, vorhersagbar und erklärbar sind, und dass zweitens die Ressourcen zur Verfügung stehen, die nötig sind, um den Anforderungen gerecht zu werden. Und drittens, dass diese Anforderungen Herausforderungen sind, die Investitionen und Engagement verdienen."[50]

Zu einem ähnlichen Ergebnis kommt Prof. Richard G. Wilkinson nach breiten sozialepidemiologischen Untersuchungen am Trafford Centre for Medical Research der Universität von Brighton (GB)[51]: Eine Gesellschaft ist umso gesünder, je geringer ihre „Schere" ist, das heißt je ausgewogener sie Einkommen verteilt. Denn dadurch entfaltet sie starke soziale Bindekräfte und ein hohes Maß an Gemeinschaftssinn, an großem sozialen Zusammenhalt[52]. Dieser soziale Zusammenhalt ist in Wilkinsons Theorie das Schlüsselkonzept gesundheitlicher Entwicklung. Menschen betrachten subjektiv Statusunterschiede als

---

50 Zit. in Bundeszentrale für gesundheitliche Aufklärung (BZgA): Jürgen Bengel u. a.: Was erhält Menschen gesund? Antonovskys Modell der Salutogenese – Diskussionsstand und Stellenwert. Köln 2001, p. 85
51 Richard G. Wilkinson: Kranke Gesellschaften: Soziales Gleichgewicht und Gesundheit. Wien 2001
52 Die Menschen beteiligen sich an sozialen, ethischen und menschlichen Belangen der Gesellschaft, verfolgen gemeinsam umfassendere soziale Ziele.

Spiegelbild innerer Werte, als Folge von Unzulänglichkeit, Unfähigkeit, niedrigem Selbstwert, so als ob sie ‚aus einem selbst' erwüchsen, obgleich sie sich vielmehr aus niedrigem sozialen Status und fehlendem sozialen Zusammenhalt ergeben.[53] Es kommt zu chronischem Stress und in der Folge zu Krankheiten sowie zu Gewalt und Kriminalität.[54]

Die Folgeerscheinungen chronischer Stressfaktoren in Form von psychischen Stressreaktionen können wir Lehrer alltäglich in vielfältiger Hinsicht bei türkeistämmigen SchülerInnen[55] – wie auch bei allen anderen Schülern in ähnlichen Lebenslagen – beobachten:

1. im Bereich des Verhaltens durch Aggression, Reizbarkeit, schlechte Konzentration, beeinträchtigte Produktivität und chronische Ungeduld, Fehlen und Hilflosigkeit;

2. in emotionaler Hinsicht durch Ängstlichkeit, Wut, Mutlosigkeit, Depression, Abstumpfung, Schlafstörungen, Schuldgefühle und gesteigerte Schreckreaktion;

3. auf kognitivem Gebiet durch Hemmung der intellektuellen Entwicklung und Verringerung der kognitiven Effizienz, der Aufmerksamkeit, des Gedächtnisses, des Problemlösens, der Urteilsbildung und Entscheidungsfindung.[56]

---

53 Vgl. Richard G. Wilkinson: Kranke Gesellschaften: Soziales Gleichgewicht und Gesundheit. Wien 2001, p. 180
54 Vgl. a.a.O. pp. 189 ff.
55 Hiervon sind insbesondere die SchülerInnen der Schultypen betroffen, die einen Hauptschulabschluss/qualifizierten Schulabschluss nachholen wollen. Türkeistämmige SchülerInnen der Fach- und Fachoberschule unterscheiden sich nicht von ihren Klassenkameraden, erreichen mithin sogar gute bis sehr gute Abschlüsse!
56 Vgl. Philip G. Zimbardo: Psychologie. Deutsche Ausgabe hg. v. Hoppe-Graf, S. & B. Keller. Berlin u. a. 1995, 6. Auflage, pp. 581 ff.

Wir Lehrer können diese Faktoren nicht nur beobachten, sondern sie wirken wiederum auf uns als enorme psychosoziale Belastungssituation, die einen großen Teil der Lehrerenergie aufzehrt, noch bevor sie pädagogisch für einen Bildungsprozess beim Schüler hätte wirksam werden können. Einer deiner Neffen hat mir gestern erzählt, seine 6. Klasse in Duisburg habe 32 SchülerInnen. Ein konzentrierter Unterricht sei kaum möglich. Einzelne LehrerInnen würden entnervt, erschöpft, teils weinend den Raum verlassen.

Wenn ich mir nun die immensen Kosten für die Behandlung der vielseitigen ‚Kollateralschäden' unterlassener Integrationsarbeit vergegenwärtige (auf Seiten der türkeistämmigen Community wie der Mehrheitsgesellschaft), für die medizinische, (psycho-) therapeutische und sozialpädagogische ‚Reparatur' sowie für die durch die Justiz und Verwaltungsbehörden, dann ist doch die Frage legitim, warum verhindern wir nicht erst diese Baustelle? Es wäre mit Sicherheit nicht nur volkswirtschaftlich insgesamt ökonomischer, sondern die Lebensbedingungen und -qualität aller Menschen würden sich verbessern, die der Migranten und der Einheimischen! Ja, ich betone diesen Satz, da mir manchmal vorgeworfen wird, ich würde mich so leidenschaftlich und einseitig für türkeistämmige Menschen einsetzen, es gäbe doch schließlich genügend Probleme auch innerhalb der Mehrheitsgesellschaft. Jene will ich beruhigen. Ich will sogar behaupten, dass der größere Profitanteil einer erfolgreicheren Integration der türkeistämmigen Community auf Seiten der Mehrheitsgesellschaft liegen wird, in Form von Entlastungen der Sozial- und Krankenkassen, der Justiz- und Verwaltungsbehörden, der Städte und Kommunen, und insbesondere in Form unseres gesteigerten Wohlbefindens bei unserem Zusammenleben!

Du schreibst fast ein bisschen wehmütig – und dennoch realistisch, dass die Hoffnung auf eine Rückkehr in die Türkei von der türkeistämmigen Community langsam aber sicher begraben werde. Genau das muss auch die Mehrheitsgesellschaft tun – ohne Wehmut!

Die türkeistämmigen Menschen richten sich auf ein Leben in Deutschland ein. Wir können nicht mehr hinter diese Realität zurück. Wir können nur noch Schritte nach vorne tun.

Eine Schülerin sagte heute beim Verlassen des Schulgebäudes, als sie erst einmal eine große Gruppe türkeistämmiger SchülerInnen passieren musste: „Wo sind wir hier denn eigentlich?"

Wir sind noch ganz am Anfang!

ANHANG I
Leitfadenfragen der autobiographischen Interviews

Die ErzieherschülerInnen führten Leitfadeninterviews mit türkei-stämmigen Schülerinnen der Integrationsklasse mit Hilfe der Fragen 1-34 durch. Sie erstellten Protokolle und/oder ließen die Fragen schriftlich beantworten. Anhand dieses Datenmaterials schrieben sie eine ‚fiktive' Biographie. Die Schülerinnen der Integrationsklasse suchten die Spuren ihrer eigenen Identität. Sie gaben denen Einblicke in ihre Lebensgeschichten, die sich für multikulturelle Entwicklungsprozesse interessieren und/oder diese Prozesse erzieherisch begleiten. Sie reflektierten sich selbst in ihren Geschichten und gaben anderen die Chance, sich in sie einzufühlen und sie verstehen zu lernen. Sie setzten sich mit ihren eigenen Lebensentwürfen auseinander.

1. Was weißt du über die Geschichte der Einwanderung deiner Familie nach Deutschland?
2. Wenn du die Entscheidung der Auswanderung deiner Familie zu treffen gehabt hättest, hättest du dich aus folgenden Gründen so entschieden:

3. Du fühlst dich heute als Türkin und/oder als Deutsche in folgenden Situationen:

4. Überlege dir, welche Kindergeschichten und/oder Märchen du aus deiner Kindheit erinnern kannst!

5. Welche Spiele hast du in deiner Kindheit am liebsten/häufigsten gespielt? Beschreibe sie mir!

6. Wie gehst du mit „zwei Identitäten" um? Beschreibe eventuelle Schwierigkeiten, Widersprüche, Auswirkungen auf dich selbst!

7. Welche „kulturelle" Persönlichkeit würdest du dir heute für dich idealerweise wünschen (ganz unabhängig von deiner tatsächlichen momentanen Situation)?

8. Wo möchtest du in der Zukunft leben? Beschreibe und begründe deine Träume!

9. Beschreibe für dich bedeutsame Erlebnisse in Deutschland a) während deiner frühen Kindheit, b) während deiner Grundschulzeit und c) in deiner Jugendzeit, die dir als Mädchen/als Junge mit türkischer Abstammung ein prägendes Gefühl gaben. Beziehe wichtige Personen, Kinder, Erzieher, Lehrer, Nachbarn etc. in deine Erzählung ein!

10. Du hast einige deutsche Familien kennen gelernt. Worin liegen deiner Meinung nach allgemeine Unterschiede zwischen deutschen und türkischen Familien?

11. Findest du, dass türkische Mädchen und Jungen anders erzogen werden als deutsche? Veranschauliche deine Meinung an Beispielen!

12. Siehst du wesentliche Unterschiede in der Rolle einer(s) türkeistämmigen Frau/Mannes im Vergleich zur deutschen Frau/zum deutschen Mann? Welche? Beschreibe diese! Welche Einstellung hast du persönlich? Welches Wunschbild hast du für dich in der Zukunft?

13. Welche Bedeutung spielt für dich ‚Ehe' und ‚Familie'? Was wünschst du dir in Bezug auf Ehe und Familie? Beschreibe deine Wunschvorstellung!

14. Welche spontanen Empfindungen hast du in Bezug auf „deutsch", „Deutschland"?

15. Hast du früher in die Poesiealben von Freundinnen geschrieben? Wenn ja, was hast du genau geschrieben? Welche Verse, Sprüche, Gedichte, Wünsche?

16. Was denkst du persönlich über die Kopfbedeckung? Wann und warum willst du heute oder zu einem späteren Zeitpunkt ein oder kein Kopftuch tragen?

17. Welche Verhaltensweisen/Meinungen der Deutschen stören dich sehr? Beschreibe sie sehr genau!

18. Hast du deutsche und türkische Freundinnen? Wenn ja, gibt es zwischen ihnen Unterschiede?

19. Was machst du wie gerne und wie lange außerhalb der Schulzeit und am Wochenende?

20. Hast du gegenwärtig eine Lieblingsmusik? Welche? Wie findest du diese? Welche Gefühle hast du, wenn du diese Musik hörst?

21. Hast du gegenwärtig einen Lieblingsfilm, eine Lieblingsserie? Erzähle kurz die Geschichte oder Geschichten! Was gefällt dir daran so gut?

22. Wie viel deutsches, wie viel türkisches Fernsehen siehst du?

23. Wenn du im Moment drei Wünsche frei hättest, was würdest du dir jetzt wünschen?

24. Wie fühlst du dich hier und wie fühlst du dich in der Türkei. Gibt es Unterschiede? Welche?

25. Welche Feste feierst du gerne und welche Bedeutung haben sie für dich und deine Familie?

26. Könntest du dir vorstellen, auch eine(n) deutsche(n) Frau/Mann zu heiraten? Warum ja/nein?

27. Welchen Stellenwert hat deine Religion für dein alltägliches Leben? Wie denkst du, dass dich deine Religion im Alltag beeinflusst?

28. Wann sprichst du hier Deutsch, wann Türkisch?

29. Wie denkst du über das Ritual „versprochen" oder „verheiratet" zu werden?

30. Wie oft gehst du in die Moschee? Erzähle mir, was du in der Moschee erlebst!

31. Womit könntest du deine Eltern sehr ärgerlich machen?

32. Erlebst du für dich hier andere „Freiheiten" bzw. „Verbote", als wenn du in der Türkei bist?

33. Welche Aufgaben übernimmst du in deiner Familie (und seit wann)?

34. Wenn du hier an die Türkei denkst, welche Empfindungen hast du dann? Sind es die gleichen Empfindungen, die du dann hast, wenn du dort bist?

ANHANG II
Typisch türkisch, typisch deutsch

Ein weiteres Produkt des Schulprojektes „Klischees: Typisch türkisch, typisch deutsch" ist:

„Ich bin dein Schatten"
von Seher Dinç (20 J.),
Zeynep Patan (21 J.) und
Güler Sarıkaya (18 J.), GBBK
Erzieher-Fachschülerinnen,
Januar 2008

- Die Skulptur einer deutschen Frau mit einer Gummipuppe, die ihren Schatten darstellt, verdeutlicht die Sicht der türkischen Männer bezüglich der deutschen Frau.
- Die Gesichtslosigkeit deutet daraufhin, dass nicht die Frau als Individuum, sondern ausschließlich als funktionales Sexobjekt angesehen wird.
- Die türkischen Männer praktizieren ihre sexuellen Vorstellungen und Vorlieben mit den deutschen Frauen. Eine deutsche Frau eignet sich sehr hierfür, aber geheiratet wird eine türkische Frau.
- Die türkischen Männer schätzen ihre Chancen bei den deutschen Frauen sehr hoch ein, weil sie die Erwartung haben, dass sie sich jederzeit für gewisse Dinge bereit erklären.

AUTORINNEN
Hatice Gündoğdu und Ulrike Zenk

HATICE GÜNDOĞDU

1978 als Kind einer türkischen Einwandererfamilie in Duisburg-Marxloh geboren. Ihre Eltern stammen aus der Schwarzen Meer Region. Sie absolviert das Lehramtsstudium der Fächer Deutsch und Türkisch an der Universität Duisburg-Essen. Nach ihrem Referendariat nimmt sie 2006 die Unterrichtstätigkeit am Gertrud-Bäumer-Berufskolleg Lüdenscheid/Plettenberg auf. Hatice Gündoğdu ist heute Klassenlehrerin der Integrationsklassen und Mitglied des Arbeitskreises Integration.

ULRIKE ZENK

Jahrgang 1952, studierte Erziehungswissenschaften, Psychologie und Soziologie. Sie promovierte an der Westfälischen Wilhelms-Universität in Münster über den kindlichen Erwerb der kommunikativen Kompetenz. Seit 1978 arbeitet sie als Lehrkraft in der Ausbildung von ErzieherInnen in Berlin und anschließend am Gertrud-Bäumer-Berufkolleg in Plettenberg. Ihren außerunterrichtlichen Schwerpunkt hat Ulrike Zenk im schulischen Arbeitskreis Integration.

–
Wir werden unseren Briefwechsel an anderer Stelle fortsetzen.
Hatice Gündoğdu und Ulrike Zenk, September 2008
–